Die Entwicklung von Finanzsystemen
und Komplementarität

Entwicklung und Finanzierung
Development and Finance

Herausgegeben von/Edited by
Manfred Nitsch, Reinhard H. Schmidt und Claus-Peter Zeitinger

Bd./Vol. 16

PETER LANG
Frankfurt am Main · Berlin · Bern · Bruxelles · New York · Oxford · Wien

Manuel Alfonso Ulrich

Die Entwicklung von Finanzsystemen und Komplementarität

Beispiel Chile

PETER LANG
Europäischer Verlag der Wissenschaften

Bibliografische Information der Deutschen Nationalbibliothek
Die Deutsche Nationalbibliothek verzeichnet diese Publikation in der Deutschen Nationalbibliografie; detaillierte bibliografische Daten sind im Internet über <http://www.d-nb.de> abrufbar.

ISSN 0946-0209
ISBN 3-631-53189-3

www.peterlang.de

A mi querida familia

Geleitwort

Nur sehr selten ist eine Diplomarbeit so gut und interessant, dass man sie als Professor einem größeren Publikum zugänglich machen möchte. Im Falle der hier vorgelegten Arbeit von Herrn Manuel Alfonso Ulrich ist diese Voraussetzung gegeben. Die Arbeit ist inhaltlich sehr profund und trotzdem geradezu spannend zu lesen und vorbildlich im wörtlichen Sinne: Sie bietet ein Vorbild für alle, die sich vor die Aufgabe gestellt sehen, das Finanzsystem eines Landes zu beschreiben, es zu verstehen und anderen verständlich zu machen.

Aber wer steht vor einer solchen Aufgabe? Die Antwort auf diese Frage macht zugleich deutlich, warum wir die Arbeit in diese der Entwicklungsfinanzierung – aber auch der Entwicklung der Finanzierung – gewidmeten Schriftenreihe aufgenommen haben.

Entwicklungsfinanzierung findet typischerweise in der Form von Interventionen aus dem Ausland statt, durch extern finanzierte Förderungsprojekte. In einigen wenigen Fällen richten sich diese Projekte an den gesamten Finanzsektor und häufiger an einzelne Teile des Bankensektors. Um solche Projekte sinnvoll zu planen und zu implementieren, ist es unabdingbar, sich vorweg ein genaues Bild von dem Finanzsystem – und nicht nur dem Finanzsektor – des betreffenden Landes zu verschaffen. Ohne diesen Schritt lässt sich nicht abschätzen, was nötig und was machbar ist. Das war zwar schon immer so, wurde aber nicht immer so gesehen.

Heute aktuelle Ansätze der Entwicklungsfinanzierung lassen die Bedeutung einer genauen Kenntnis eines lokalen und nationalen Finanzsystems noch viel deutlicher werden als die früheren Ansätze der Projektförderung. Seit einigen Jahren dominiert in der Entwicklungsfinanzierung der so genannte institution building approach. Dabei geht es darum, dauerhaft lebensfähige Institutionen zu schaffen, die ihr Leistungsangebot – ebenfalls dauerhaft – auf eine bestimmte, nicht immer eng abgegrenzte Zielgruppe wie die der Klein- und Kleinstunternehmerinnen und -unternehmer ausrichten.

Zielgruppenrelevanz des Leistungsangebots erfordert Kenntnisse darüber, welche Finanzdienstleistungen die Angehörigen der Zielgruppe an anderen Stellen in dem Finanzsystem ihres Landes nicht bekommen. Dies lässt sich nur abschätzen, wenn man den gesamten Finanzsektor kennt. Und Bedarfsgerechtigkeit kann man nur dann erreichen, wenn man weiß, wie in einem gegebenen sozio-ökonomischen Umfeld die Menschen und Institutionen, die man zur Zielgruppe rechnet, ihre Finanzierungs-, Geldanlage- und Absicherungs-probleme bisher lösen. Dies kann man nur beurteilen, wenn man das gesamte Finanzsystem im Blick hat, das außer dem Finanzsektor auch einige wichtige die Nachfrage nach Finanzdienstleistungen determinierende Aspekte des Realsektors umfasst. Insofern ist es sehr zu begrüßen, dass sich Herr

Alfonso Ulrich in seiner Untersuchung des chilenischen Finanzsystems inhaltlich nicht darauf beschränkt, den Finanzsektor zu untersuchen.

Noch wichtiger ist, dass institution building die dauerhafte finanzielle Überlebensfähigkeit einer Finanzinstitution voraussetzt. Um sie abschätzen zu können, ist es erforderlich genauestens zu untersuchen, wie das Finanzsystem als ganzes funktioniert und insbesondere auf welche Konkurrenten die zu schaffende neue Finanzinstitution stoßen wird.

Wem dient also die Arbeit von Herrn Alfonso Ulrich als Vorbild? Vor allem denen, die Entwicklungsfinanzierungsinstitutionen schaffen wollen. Doch deren Interesse richtet sich nicht nur auf einen gegebenen Zustand des betreffenden Finanz-systems. Noch mehr interessiert sie die Zukunft des betreffenden Finanzsystems. Sie müssen wenigstens ansatzweise prognostizieren, wie sich das von ihnen betrachtete Finanzsystem entwickeln wird. Nun sind Prognosen zwar bekanntlich schwer zu erstellen, aber die Kenntnis darüber, wie sich Finanz-systeme entwickeln, kann hier zumindest eine gewisse Hilfe sein. Deshalb ist es umso wichtiger, an Beispielen wie dem in der Arbeit von Herrn Alfonso Ulrich behandelten Fall des chilenischen Finanzsystems auch zu lernen, nach welchen Mustern sich Finanzsysteme entwickeln, auch wenn im Einzelfall die Entwicklung immer anders verläuft, als es generelle Entwicklungsmuster erwarten lassen würden. Insofern ist es sehr zu begrüßen, dass in der vorliegenden Arbeit nicht nur der Istzustand eines Finanzsystems kompetent beschrieben wird, sondern auch seine historische Entwicklung mit all ihren Windungen und Widersprüchen kompetent und im Detail vorgestellt wird.

Ich wünsche der Arbeit von Herrn Alfonso Ulrich die Aufmerksamkeit, die sie verdient.

Reinhard H. Schmidt, Frankfurt am Main, April 2004

Inhaltsverzeichnis

Abbildungsverzeichnis

Tabellenverzeichnis

Abkürzungsverzeichnis

AFPs	Administradoras de Fondos y Pensiones
BCS	Bolsa de Comercio de Santiago
BFI	Bankfinanzintermediär(e)
BSP	Bruttosozialprodukt
CAC	Cooperativas de Ahorro y de Crédito
DL	Decreto Ley
EK	Eigenkapital
FK	Fremdkapital
GAAP	Generally Accepted Accounting Principles
IMF	International Monetary Fund
LOBC	Ley Orgánica del Banco Central
M&A	Mergers and Acquisitions
MC	Marktkapitalisierung
NBFI	Nichtbankfinanzintermediär
ROA	Return on Assets
ROE	Return on Equity
SAPF	Superintendancia de Fondos de Pensiones
SBIF	Superintendancia de Bancos e Instituciones Financieras
SF	Sociedad Financiera
SVS	Superintendancia de Valores y Seguros
WDR	World Development Report

Anhangsverzeichnis

1 Einleitung

1.1 Problemstellung

Diese Arbeit befasst sich mit der Darstellung der Entwicklung des chilenischen Finanzsystems. Dabei liegen die Schwerpunkte zum einen auf der Beschreibung der aktuellen Situation mit der Charakterisierung der dazugehörigen Elemente sowie deren Beziehungen untereinander. Zum anderen stellt die Nachzeichnung der Entwicklung des Finanzsystems bis hin zum gegenwärtigen Status quo einen ebenso wichtigen Teil der Arbeit dar, wobei insbesondere versucht werden soll, diese Entwicklung mit den Geschehnissen der Politik und Landesgeschichte Chiles in Bezug zu setzen. Schließlich sollen die Aussagen der Theorien der Komplementarität und der *path dependence* bezüglich der Entwicklung bzw. Konvergenz von Finanzsystemen mit der tatsächlichen Entwicklung in Chile verglichen werden.

1.2 Gang der Untersuchung

Die Arbeit umfasst in ihrer Gesamtheit sieben Kapitel. Nach diesem einleitenden Teil gibt Kapitel 2 eine Einführung in die Theorie der Finanzsysteme, wobei einige Definitionen erläutert sowie die Funktionen und Elemente eines Finanzsystems vorgestellt werden. Um zu analysieren, welche Art von Beziehungen unter den einzelnen Elementen des Finanzsystems bestehen, wird weiter auf die Finanzsysteme Deutschlands, Japans und der USA eingegangen, um gewisse „Prototypen" von bestehenden Finanzsystemen heraus zu arbeiten, die in späteren Kapiteln als Vergleichsbasis dienen sollen. Überlegungen zur Konvergenz von Finanzsystemen schließen dieses Kapitel ab. In diesem Zusammenhang werden die Theorien der *path dependence* und der Komplementarität knapp vorgestellt.

Die folgenden Kapitel 3 bis 6 widmen sich ausschließlich dem Finanzsystem Chiles und dessen Entwicklung. Der zeitliche Fokus dieser Arbeit liegt auf der Betrachtung der letzten 33 Jahre. Kapitel 3 gibt zunächst einen Überblick sowie grundlegende Informationen über die im chilenischen Finanzsystem existenten Akteure. In Kapitel 4 werden diese dann umfassend charakterisiert, um deren Bedeutung bei der Unternehmensfinanzierung im Zeitablauf zu erörtern. Kapitel 5 befasst sich mit dem Corporate Governance System und dem Rechtssystem Chiles als weitere Elemente des chilenischen Finanzsystems sowie die Entwicklung dieser über die letzten drei Dekaden. Neben der Landesgeschichte werden in Kapitel 6 die in den jeweiligen Zeitabschnitten dominierenden politischen Strömungen und insbesondere die praktizierte Wirtschaftspolitik beleuchtet. Dabei werden die Zusammenhänge zwischen der in den Kapiteln 3 bis 5 nachgezeichneten Entwicklung der einzelnen Elemente des Finanzsystems und den landesspezifischen Hintergründen erläutert. Des weiteren werden im Hinblick auf die Entwicklung des modernen chilenischen Finanzsystems insbesondere Aussagen bezüglich der Komplementarität und der *path dependence* getroffen sowie die wichtigsten Entscheidungen, die zu dem heutigen Status Quo des Finanzsystems geführt haben, dargelegt. Das in Kapitel 7 folgende Fazit bildet schließlich den Abschluss dieser Arbeit. In diesem werden die wichtigsten Ergebnisse der einzelnen Kapitel zusammengeführt.

2 Theorie der Finanzsysteme

Im diesem ersten Teil der Arbeit wird zunächst allgemeinen Fragen über die Theorie der Finanzsysteme nachgegangen. Dabei gilt es in Abschnitt 2.1, einige das Finanzsystem betreffende Begriffe zu definieren und die Funktionen eines Finanzsystems darzustellen. Weiter erfolgt eine Darstellung der einzelnen Elemente eines Finanzsystems. Unter Abschnitt 2.2 stehen die Finanzsysteme Deutschlands, Japans und der USA im Zentrum des Interesses. Dabei werden die vorherrschenden Ausprägungen der Elemente der Unternehmensfinanzierung, der Corporate Governance sowie deren Beziehungen untereinander analysiert, um gewisse „Prototypen" von bestehenden Finanzsystemen zu erarbeiten. Dies hat den Vorteil, dass eine Vergleichsbasis geschaffen wird, mit deren Hilfe sich die in den folgenden Kapiteln gefundenen Informationen über das chilenische Finanzsystem besser beurteilen lassen. Schließlich sollen die im Abschnitt 2.3 dargestellten Überlegungen zur Konvergenz von Finanzsystemen den theoretischen Teil dieser Arbeit abschließen. Dabei werden die Konzepte der *path dependence* und der Komplementarität sowie deren Aussagen bezüglich der Entwicklung von Finanzsystemen vorgestellt.

2.1 Definitionen, Funktionen und Elemente eines Finanzsystems

Zunächst soll der Begriff des „Finanzsystems" von dem des „Finanzsektors" abgegrenzt werden, wobei auf die Definitionen von Hackethal/Schmidt (2000) verwiesen wird. Diese definieren den Finanzsektor als denjenigen

> *„...Teil der Ökonomie, der den anderen Sektoren Anlage- und Finanzierungsmöglichkeiten und damit verbundene Beratungs- und Vermittlungsleistungen anbietet."* *(Hackethal, A. / Schmidt, R. (2000), S. 56)*

Dieser relativ eng gefasste Begriff beinhaltet dabei sowohl jegliche Art von Finanzintermediären als auch organisierte Finanzmärkte, wie z.B. Wertpapier- oder Anleihemärkte. Einen diesem gegenüber weiter gefassten Begriff stellt das Finanzsystem dar, welches die oben zitierten Autoren wie folgt definieren:

> *"Das Finanzsystem lässt sich generell als Interaktionssystem von Angebot und Nachfrage nach Kapitalüberlassung und anderen finanzbezogenen Leistungen kennzeichnen. Es schließt außer der Angebotsseite, dem Finanzsektor, auch die Nachfrageseite ein."* *(Hackethal, A. / Schmidt, R.. (2000), S. 56)*

Um eine vollständige Charakterisierung eines Finanzsystems zu erreichen, ist es also unumgänglich, die nicht-monetäre Vermögensbildung der Haushalte sowie die gesamte Unternehmensfinanzierung in die Analyse zu integrieren (Hackethal /Schmidt 2000: 56f).

Ungeachtet der Tatsache, ob man ein Finanzsystem als eine Ansammlung konstanter und irrelevanter Institutionen sieht, was einer neoklassischen Sichtweise entspricht, oder ob man es als eine Menge von Institutionen betrachtet, die

errichtet werden, um Transaktionskosten und Informationsasymmetrien abzubauen, was einer institutionellen Perspektive gleichkommt, sind sich doch überwiegend alle Sichtweisen darin einig, dass ein Finanzsystem bestimmte Funktionen erfüllt. Bezüglich dieser möchte ich auf Merton/Bodie (1995) verweisen, die sechs Kernfunktionen eines Finanzsystems angeben. Diese sind (1) die Abwicklung des Zahlungsverkehrs, (2) die Finanzierung von Großprojekten durch das Einsammeln von Mitteln, (3) der Transfer von Ressourcen in räumlicher und intertemporaler Hinsicht, (4) die Risiko-transformation, (5) das Liefern von Preisinformationen sowie (6) die Lösung oder zumindest die Minderung von Anreizproblemen.[1]
Die folgende Abbildung 1 zeigt die Elemente eines Finanzsystems aus Unternehmenssicht und verdeutlicht weiter, dass diese in sich überschneidenden Beziehungen zueinander stehen.[2]

Abbildung 1: Elemente eines Finanzsystems

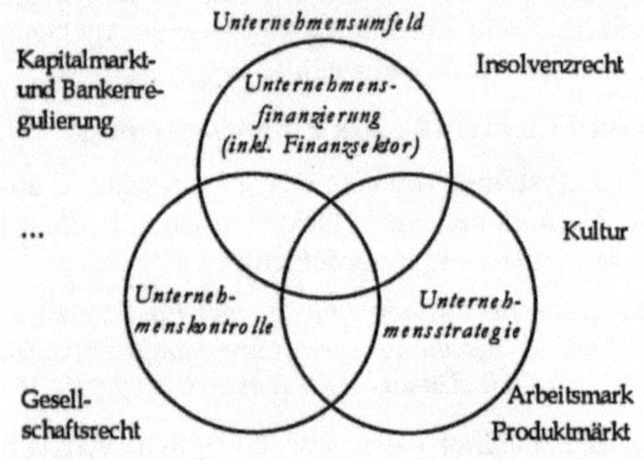

Quelle: Hackethal/Schmidt (2000), S. 4

Neben der monetären Komponente sind die Beziehungen, welche die einzelnen Akteure untereinander pflegen, auch von Informationsflüssen und Einflussnahmen geprägt, da Überschusseinheiten nicht dazu bereit sind, Defiziteinheiten Kapital zu überlassen, ohne dabei Möglichkeiten der Einflussnahme oder die für das Treffen von Investitionsentscheidungen nötigen Informationen zu besitzen. Daher stellt die Analyse des Corporate Governance Systems, neben der Analyse der Unternehmensfinanzierung, der Unternehmensstrategie sowie des Umfeldes, ein ebenfalls wichtiges Element eines Finanzsystems dar, das es zu charakterisieren gilt (Hackethal/Schmidt 2000: 57).

Weiter gehört neben der Untersuchung der spezifischen Ausprägungen der einzelnen Elemente auch die Analyse der bestehenden Beziehungen zwischen diesen zu einer vollständigen Darstellung eines Finanzsystems (Hackethal 2000: 187).

[1] Vgl. Merton, R. / Bodie, Z. (1995), S. 4ff.
[2] Zur Abbildung 1 sei angemerkt, dass es sich bei der Seitenzahl in der Quellenangabe um die des Working Papers Hackethal/Schmidt (2000) handelt - siehe Literaturverzeichnis.

Diesbezüglich schreibt auch Schmidt über die Bedeutung der Relationen der einzelnen Elemente untereinander:

„...it is of practical importance to be able to understand how the different elements of a corporate governance and financial systems interact and either support each other or work against each other.“ (Schmidt, R. (1997), S. 70)

Nicht zu vernachlässigen ist auch der Einfluss des sog. Umfeldes auf die Entwicklung eines Finanzsystems und Ausprägung dessen Elemente. Dieser ist jedoch aufgrund der hohen Komplexität am schwierigsten zu fassen. Beeinflussende Faktoren sind insbesondere staatliche Regulierungen bzw. die Gesetzgebung in Bezug auf den Finanzsektor. Neben Kapitalmarkt- und Bankenregulierung, Insolvenz- und Gesellschaftsrecht steht ein Finanzsystem jedoch auch in enger Beziehung zu seinem Kulturraum und seiner Geschichte (Hackethal 2000: 168). Um eine umfassende Charakterisierung eines Finanzsystems zu liefern, ist also eine fachbereichübergreifende Analyse des jeweiligen Landes nötig. Roe (1993) schreibt in diesem Zusammenhang:

"The strength of financial intermediaries is a product not just of economic evolution, but of history, politics and culture." (Roe, M. (1993), S. 1995)

Die Analyse Deutschlands, Japans und der USA hinsichtlich einzelner der oben genannten beeinflussenden Faktoren des Umfeldes würde jedoch ganze Bücher füllen. Daher soll bei der folgenden Betrachtung der Finanzsysteme der USA, Japans und Deutschlands lediglich auf die Elemente der Unternehmensfinanzierung und der Corporate Governance eingegangen werden.

2.2 Ausprägungen der Elemente in der Realität

2.2.1 Unternehmensfinanzierung als Element eines Finanzsystems

Friderichs, Paranque, Sauvé (1999), welche die Finanzierung deutscher und französischer Firmen von 1987 bis 1995 untersuchten, stellen insbesondere für Deutschland, je nach Unternehmensgröße, beachtliche Niveauunterschiede bei der Inanspruchnahme von Bankkrediten, gemessen an deren Anteil an den Gesamtverbindlichkeiten fest. Demnach nahmen insbesondere kleine und mittlere Unternehmen (Mitarbeiterzahl < 500) Bankkredite in deutlich höherem Maße in Anspruch als solche mit einer höheren Mitarbeiterzahl (Schmidt/Hackethal/Tyrell 2002: 28). Ungeachtet solcher „interner“ Unterschiede sollen im folgendem die Finanzierungsmuster Deutschlands, Japans und der USA lediglich in ihrer Gesamtheit charakterisiert werden.

Hackethal/Schmidt (1999) griffen diesbezüglich in ihrer Studie auf Daten offizieller Statistikämter zurück.[3] Dabei bedienten sie sich der Disaggregations-

[3] Die verwendeten Daten stammen von der Gesamtwirtschaftlichen Finanzierungsrechnung der Deutschen Bundesbank, der Japanese National Accounts, zusammengefasst durch die Bank of Japan, und der Federal Reserve System´s Flow of Funds Accounts.

methode zur Datenaufbereitung.[4] Um zu einer umfassenden Charakterisierung zu gelangen, wurden sowohl kurzfristige als auch langfristige Bruttofinanzierungsquellen in den drei angesprochenen Ländern untersucht.[5] Die Ergebnisse der Analyse der langfristigen Unternehmensfinanzierung sind in Anhang I dieser Arbeit dargestellt. Weiter ist hinzuzufügen, dass die Analyse der kurzfristigen Mittel die Ergebnisse der Analyse der langfristigen Unternehmensfinanzierung bestätigten.[6] Es folgen die wichtigsten Ergebnisse dieser Studie:

- In allen 3 Ländern kam es in dem betrachteten Zeitraum von 1970 bis 1996 zu einem Anstieg sowohl interner als auch externer Finanzmittel.
- Die Bedeutung der Innenfinanzierung für japanische Unternehmen ist deutlich geringer als dies für Firmen aus Deutschland oder den USA der Fall ist.[7]
- Banken spielen als Intermediäre von Finanzmitteln im deutschen und japanischen Finanzsystem nach wie vor die zentrale Rolle. Lässt sich die Finanzierung deutscher Unternehmen als bankendominiert charakterisieren, so ist sie in Japan schon fast als bankenabhängig zu bezeichnen (Hackethal/ Schmidt 1999: 15f).
- Auch bezüglich des beträchtlichen Maßes an Stabilität der Finanzierungsmuster und bezüglich des hohen Konzentrationsgrades der einzelnen Investorengruppen lassen sich durchaus Parallelen zwischen dem japanischen und dem deutschen Finanzsystem feststellen (Hackethal 2000: 136).
- Im Gegensatz dazu konnte für die USA über die letzten 30 Jahre sowohl ein absoluter als auch ein relativer Bedeutungsgewinn der Kapitalmärkte für die Unternehmensfinanzierung festgestellt werden. Dass sich also in den USA neben der kurzfristigen auch die langfristige Finanzierung in wesentlich geringerem Umfang aus Bankkrediten zusammensetzt, als dies in Deutschland oder Japan der Fall ist, kristallisiert sich zu einem der markantesten Unterschiede in den Finanzierungsmustern heraus (Hackethal 2000: 131).
- Bezeichnend für das amerikanische Finanzsystem ist auch ein wesentlich geringerer Konzentrationsgrad der einzelnen Investorengruppen.[8]
- Schließlich erwiesen sich die unterschiedlichen Bedeutungen von Bankfinanzintermediären (BFI), Nichtbankfinanzintermediären (NBFI) und Kapitalmärkten innerhalb der Finanzsysteme als erstaunlich resistent im Zeitablauf (Hackethal/Schmidt 2000: 68).

---

[4] Vgl. Hackethal, A. (2000), S. 119-123.
[5] Siehe dazu ausführlich Hackethal, A. (2000), S. 123-151.
[6] Vgl. dazu Hackethal, A. (2000), S. 129 (Deutschland und die USA), sowie S. 133 für Japan.
[7] Der Anteilswert Japans lag dabei um etwa 20 Prozentpunkte unter dem der beiden anderen Länder.
[8] Die amerikanischen Unternehmen nutzen also die verschiedenen Finanzierungsquellen in einer weit ausgewogeneren Weise.

Abschließend soll angemerkt sein, dass es neben den schon erwähnten Studien eine ganze Reihe von weiteren Untersuchungen gibt, die trotz unterschiedlicher Herangehensweisen zu ähnlichen Ergebnissen kommen und die getroffene Charakterisierung der Finanzsysteme bestätigen. So zum Beispiel die Ergebnisse von Schmidt, Hackethal und Tyrell, welche die Intermediations- und Verbriefungsraten seit 1960 untersuchen.[9] Ungeachtet der Niveauunterschiede zwischen Deutschland, Japan und den USA, kam es zu einem generellen Anstieg der allgemeinen Intermediationsrate seit dem Jahr 1960. Dabei stellen sich Japan und die USA als sich gegenüberliegende Pole dar.

Abbildung 2: Intermediationsraten im Ländervergleich

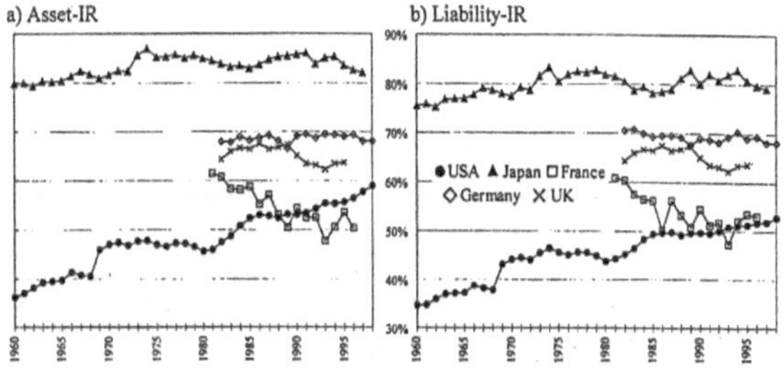

Quelle: Schmidt/Hackethal/Thyrell (2001), S. 13

Während die Intermediäre in Japan eine überragende Rolle bei der Übertragung von Geldern zwischen Überschuss- und Defizit- Einheiten besitzen, spielten diese in den USA bis Mitte der 80er Jahre eine weit untergeordnete Rolle und lagen selbst im Jahre 1996 noch deutlich unter den Werten Japans oder Deutschlands (siehe Abbildung 2).[10] Weiter bestätigen die Autoren anhand untersuchter Verbriefungsraten eine grundsätzlich stärkere Stellung der Kapitalmärkte in den USA im Gegensatz zu Japan und Deutschland (Schmidt/Hackethal/Tyrell 2002: 20). Während die Banken-Intermediationsrate der Haushalte im Zeitraum zwischen 1980 und 1996 in allen drei Ländern abgenommen hat, trifft eine fallende Tendenz hinsichtlich der Banken-Intermediationsrate der Unternehmen lediglich für die USA zu. Letztere Kennzahl stabilisierte sich im Falle Japans bei etwa 60 Prozent und zeigte für Deutschland, wenn auch auf leicht niedrigerem Niveau, sogar einen gewissen Aufwärtstrend (Schmidt/Hackethal/Tyrell 2002: 20f).

Weiter soll auf Barth, Nolle und Rice (1997) verwiesen werden, die zur Charakterisierung eines Finanzsystems die Quotienten der Geschäftsbanken Aktiva bzw. der gesamten Marktkapitalisierung zu den jeweiligen Bruttoinlandsprodukten bilden und damit zur gleichen Charakterisierung der Finanz-

[9] Vgl. Schmidt/Hackethal/Tyrell (2002) und Hackethal (2000)

[10] Zur Abbildung 2 sei angemerkt, dass es sich bei Schmidt/Hackethal/Tyrell (2001) um das Working Paper zu Schmidt/Hackethal/Tyrell (2002) handelt - siehe Literaturverzeichnis.

systeme kamen, bei der sich Deutschland als bankendominiert und die USA als kapitalmarktorientiert gegenüberstehen. Das japanische Finanzsystem stellt sich, im Vergleich zu den Extremen, als gemäßigter in seiner Ausprägung dar, wobei es eher dem deutschen ähnelt.[11]

Grundlegend andere Ergebnisse lieferte dagegen die Studie von Corbett/ Jenkinson (1997), welche Nettofinanzierungsquellen deutscher, japanischer und der US-amerikanischer Unternehmen untersuchten. Ihre in Fachkreisen Aufsehen erregende Schlussfolgerung war folgende:

> *„The celebrated distinction between the 'market based' financial pattern of (...) the United States and the 'bank based' pattern of Germany and Japan is inaccurate"* *(Corbett, J. / Jenkinson, J. (1997), S. 85)*

Auch die Ergebnisse von Mayer (1998, 1990) sprachen für diese gegenteilige Charakterisierung. Hackethal (2000) wies diesen Arbeiten jedoch Inkonsistenzen in der Datengrundlage sowie methodische Probleme im Umgang mit Daten nach, was deren Aussagen bedeutungslos werden ließ (Hackethal 2000: 96-115).

Auch wenn die Herangehensweise von Hackethal/Schmidt (2001) die genauesten Ergebnisse bezüglich der Ausgestaltung der Unternehmensfinanzierung liefert, war die Anwendung einer solchen Methodik im Fall Chiles aufgrund der mangelnden Datengrundlage nicht möglich. Daher wurden entsprechend des Schalenmodells von Papenfuß (1999) die einzelnen Akteure des "Kerns des Finanzsystems"[12] hinsichtlich ihrer Größe, Aktivität und Effizienz umfassend charakterisiert, um deren Bedeutung im chilenischen Finanzsystem darzustellen und damit indirekt auf deren Rolle bei der Unternehmensfinanzierung zu schließen. Die einzelnen Akteure, die es nach diesem Modell zu beschreiben gilt, sind die Zentralbank, die Finanzmärkte sowie die Finanzintermediäre, zu denen die Bankfinanzintermediäre (BFI) und die Nichtbankfinanzintermediäre (NBFI) gehören (Papenfuß 1999: 137f). Die Datenbasis für die Charakterisierung dieser Akteure stellte überwiegend die zu der Studie von Beck, Demirgüç-Kunt und Ross Levine (1999) gehörende Datenbank dar, welche eine Charakterisierung der einzelnen Akteure hinsichtlich deren Größe, Aktivität und Effizienz im Finanzsystem zulässt. Dabei sind als deren Datenquellen wiederum die „International Finance Statistics" des IMF, die chilenische Zentralbank sowie das Internetportal von Chile Finanzas zu nennen.[13]

---

[11] Vgl. Barth, J. / Nolle, D. / Rice, T. (1997), Tabelle 1.

[12] Vgl. Papenfuß, H. (1999), S. 137.

[13] Für genaue Informationen zu den Datenquellen siehe Beck, T. / Demirgüç-Kunt, A. / Levine, R. (1999), Appendix: S. 1f und 10.

2.2.2 Corporate Governance als Element eines Finanzsystems

2.2.2.1 Definition der Corporate Governance

Die Corporate Governance als konstitutive Komponente eines Finanzsystems zu begreifen erhält in der jüngeren Literatur weitreichenden Zuspruch. Dabei geben Arbeiten von Mayer (1998), Shleifer/Vishny (1997) und Thakor (1996) einen guten Überblick über den aktuellen Forschungsstand. Der Begriff der Corporate Governance soll im Folgenden verstanden werden als

> *„...die Gesamtheit der Regelungen und Mechanismen, die bestimmen, welche Interessengruppen in welcher Weise Einfluss auf die wesentlichen Entscheidungen in den Unternehmen haben..."* *(Hackethal, A. / Schmidt R. (2000), S. 57)*

Eine ausführliche Beschreibung dieses sehr weit gefassten Konzeptes der Corporate Governance würde den Rahmen dieser Arbeit sprengen. Folglich sollen lediglich die zentralen Funktionsmechanismen der Unternehmenskontrolle hervorgehoben werden und diese dann den einzelnen Ländern, in Form von kurzen Länderportraits, zugeordnet werden.

2.2.2.2 Darstellung theoretischer Corporate Governance Mechanismen

Kamen wir bei der Betrachtung der Unternehmensfinanzierung zu einer grundsätzlichen Unterscheidung der Systeme in kapitalmarktdominiert einerseits und bankendominiert andererseits, so kann man im Bereich der Corporate Governance ebenso eine Kategorisierung bezüglich der Modi bzw. Funktionsweisen der Systeme vornehmen. Dabei kann man nach einem übergreifenden Prinzip der Kontrollausübung sog. *Insider*-Systeme von *Outsider*-Systemen unterscheiden.[14] Bei ersteren sorgt eine Gruppe von sog. *Insidern*, die gegenüber anderen Personen oder Kapitalmarktteilnehmern einen Informationsvorsprung besitzen, kollektiv für die Einhaltung von impliziten Kontrakten und schützt dadurch die getätigten Investitionen in dem Unternehmen (Schmidt/Grohs 2000: 149). In *Outsider*-Systemen dagegen werden die Aktivitäten der Unternehmen durch externe Marktmechanismen überwacht. Die Investoren sind tendenziell breiter diversifiziert und die Informationsasymmetrien zum Management meist höher (Hackethal 2000: 173).

Neben dieser grundsätzlichen Unterscheidung lassen sich die Funktionsmechanismen, nach der Einflussnahme verschiedener Stakeholder, weiter unterteilen. Es werden die Einflussmöglichkeiten der Anteilseigner (1), der Gläubiger (2) und der Mitarbeiter (3) auf die Unternehmen unterschieden:

(1) Bezüglich des Einflusses der Anteilseigner lässt sich eine *liquidity* von einer *control* Orientierung unterscheiden.[15] Erstere beschreibt eine Situation, bei der

[14] Für eine ausführliche Darstellung siehe Franks, J. / Mayer, C. (1994).

[15] Für eine ausführliche Darstellung siehe Franks, J. / Mayer, C. (1994).

die Anteilseigner als primäres Ziel die Renditeoptimierung ihres Beteiligungsportfolios verfolgen. Durch diese rigorose Selektion nur der besten Investitionsmöglichkeiten von Seiten der Investoren ist der Markt für Unternehmenskontrolle, wie Manne (1965) ihn beschreibt, der zentrale Mechanismus, der für die Interessenwahrung der Anteilseigner bei einer *liquidity* Orientierung sorgt.[16] Den Gegenpol dazu stellt die *control* Orientierung dar, bei der die potenziellen Investoren neben den Renditeinteressen auch nach langfristigen Geschäftsbeziehungen und permanenten Einflussmöglichkeiten auf das Management bzw. das Unternehmen streben (Hackethal/Schmidt 2000: 71). Die Einflussnahme auf das betreffende Unternehmen erfolgt sowohl in formellen (Aufsichtsrat) als auch informellen Gremien, in denen versucht wird, das Management entsprechend der eigenen Interessen zu beeinflussen. Dabei kommt insbesondere der Fähigkeit der Beschaffung von nichtöffentlichen Informationen eine fundamentale Rolle zu, was zu einem Abbau von Informationsasymmetrien zwischen Management und großen Anteilseignern führt, die Chancengleichheit der Aktionäre untereinander jedoch verletzt (Hackethal/Schmidt 2000: 71).

(2) Neben der oben bereits festgestellten unterschiedlichen Bedeutung von Banken bei der Unternehmensfinanzierung in den einzelnen Ländern lässt sich bezüglich des Verhältnisses zwischen Banken und Unternehmen eine weitere Klassifikation vornehmen. Als Unterscheidungsmerkmal dient dabei die Enge der Beziehung zwischen Banken als Geldgebern und Unternehmen als Schuldnern (Hackethal Schmidt 2000: 73). Als polare Ausprägungen dieses Kriteriums lässt sich dabei die *arm's length lending* Beziehung von einer *relationship lending* Beziehung abgrenzen.[17] Erstere kann als eine distanzierte, wenig informationsintensive sowie tendenziell eher kurzfristige Beziehung beschrieben werden, die zudem auf einen begrenzten Geschäftsbereich limitiert ist (Hackethal/Schmidt 2000: 73). Die Interessen der Bank werden dabei durch Verträge gesichert, wobei das Drohmittel einer schnellen Beendigung des Finanzierungsverhältnisses ausreicht, um diese zu schützen (Hackethal 2000: 162). Dagegen stellt eine *relationship lending* Beziehung, die aus der Sicht der Bank als eine Investition mit hohem Spezifitätsgrad zu interpretieren ist, in ihren Eigenschaften das genaue Gegenteil dar. Diese sog. Hausbanken oder auch *main banks* pflegen langfristige Beziehungen zu den finanzierten Unternehmen, sind oftmals selbst Anteilseigner und entsenden häufig Mitarbeiter in die Aufsichtsorgane der Unternehmen (Hackethal/Schmidt 2000: 73f).
Diamond (1984) veröffentlichte ein theoretisch wichtiges Modell über die Analyse des Prozesses der beauftragten Informationsproduktion durch Banken.[18] Zusammenfassend kann man sagen, dass das betriebene *monitoring* hilft, *moral*

[16] Vgl. dazu ausführlicher Manne (1965) oder Jensen (1988).
[17] Für eine ausführliche Darstellung siehe Berglöf, E. / Sjögren, H. (1998).
[18] Vgl. Diamond, D. (1984), S. 393-414.

hazard Probleme durch den Abbau von Informationsasymmetrien, trotz der Kosten dieser Überwachung, zu lösen, wenn der Nutzen der *delegated monitors* auf andere Geschäftsbereiche der Bank übertragen werden kann. Daher gilt als eine der Hauptthesen dieses Modells: „Diversification is key to this theory".[19] Darüber hinaus kommt es durch das betriebene *monitoring* bzw. durch eine *relationship lending* Beziehung auch zu einem Informationsvorsprung der Banken gegenüber anderen Finanzintermediären, der mit der Dauer und Intensität dieser Beziehung wächst (Hackethal 2000: 162).

(3) Eine letzte Abgrenzung bezüglich der unterschiedlichen Funktionsmechanismen kann man durch die Unterscheidung der Einflussnahme der Mitarbeiter treffen, welche zum Mittel der *outside opportunities* oder aber zu dem der *inside influence* greifen, um ihre Interessen zu vertreten (Hackethal/Schmidt 2000: 76). Gerade um Mitarbeiter anzuregen, firmenspezifisches Humankapital aufzubauen, was zweifelsohne im Interesse des Unternehmens bzw. des Managements sein sollte, müssen die Firmen nach Hall (1993) glaubhaft ausschließen können, die zukünftigen Renten der Arbeitnehmer zu kürzen.[20] Zumindest muss den Mitarbeitern aber ein gewisser Einfluss zugesprochen werden, diese persönlich getätigten firmenspezifischen Investitionen zu schützen, da diese außerhalb des Unternehmens meist relativ wertlos sind und somit das Mittel der *outside opportunities* zur Durchsetzung von Interessen eingeschränkt ist.[21] Die Motivation der Arbeitnehmerschaft kann bspw. durch Reputationseffekte wie der Garantie auf lebenslange Beschäftigung oder der Garantie von Mitspracherechten bei wichtigen Unternehmensentscheidungen, wie dies in Deutschland gesetzlich geregelt ist, erreicht werden (Hackethal/ Schmidt 2000: 77). Betrachtet man bspw. die Dauer der Beschäftigungsverhältnisse, die Stärke der Anreize zur Bildung von spezifischem Humankapital oder die Flexibilität des Arbeitsmarktes, so kann man Anhaltspunkte darüber gewinnen, welchem der beiden Modi ein System angehört. Dabei sprechen hohe Ausprägungen der genannten Merkmale für den *inside influence* Modus und niedrige eher für den *outside opportunity* Modus (Hackethal/Schmidt 2000: 77).

2.2.2.3 Corporate Governance Länderportraits

Nach dieser theoretischen Ausführung von Funktionsmechanismen der Corporate Governance soll nun deren Zuordnung zu den Systemen in

[19] Diamond (1984), S. 395.

[20] Für eine ausführliche Darstellung siehe Hall (1993).

[21] Für Beispiele von Investitionen in spezifisches Humankapital siehe Hackethal (2000), S. 170f.

Deutschland, Japan und den USA erfolgen.[22] Arbeiten von Schmidt (1997), Aoki/Patrick (1994), Charkham (1994), Prowse (1994) und Fukao (1995) liefern dabei umfassende Darstellungen der entsprechenden Systeme. Die nachfolgende Tabelle 1 gibt einen ersten Überblick.

Tabelle 1: Unternehmenskontrolle im Ländervergleich

	USA	JAPAN	DEUTSCHLAND
Überwachung durch beteiligte Finanzunternehmen	Gering	Sehr bedeutend	Bedeutend
Überwachung durch beteiligte Nichtfinanzunternehmen	Gering	Bedeutend	Sehr bedeutend
Überwachung durch individuelle Aktionäre	Gering	Gering	Für eigentümergeführte Firmen bedeutend
Häufigkeit feindlicher Unternehmensübernahmen	Häufig	Praktisch nie	Praktisch nie

Quelle: Prowse, S. (1994), S. 52

Entgegen weit verbreiteter Erwartungen in der Fachpresse blieben die Eigenschaften des deutschen Finanzsystems und damit auch die Funktionsmechanismen der Unternehmenskontrolle in Deutschland erstaunlich stabil (Schmidt/Grohs 2000: 165). Das deutsche Corporate Governance System kann seit den frühen 80er Jahren als ein *Insider*-System mit den entsprechenden oben genannten Eigenschaften bezeichnet werden, wobei das auf dieser Welt einmalige „*two-tiers board*" mit der Unterteilung in Vorstand und Aufsichtsrat das Herzstück der Unternehmenskontrolle darstellt (Schmidt/Hackethal/Tyrell 2002: 31). Banken und andere Nichtfinanzdienstleister spielen bei der Unternehmenskontrolle eine Ausschlag gebende Rolle (siehe Tabelle). Deutschland zeichnet sich weiterhin, entsprechend obiger Definition, durch eine deutliche *control* Orientierung aus (Hackethal 2000: 168). Entsprechend ist die Einflussnahme des unterentwickelten Finanzmarktes durch die Funktion des Marktes für Unternehmenskontrolle oder die Kontrolle einzelner Aktionäre gering (Grohs/ Schmidt 2000: 159).

Die weite Verbreitung ausgesprochen intensiver Hausbank-Beziehungen deutet weiter auf die Vorherrschaft von *relationship lending* Beziehungen in Deutschland hin (Allen/Gale 2000: 105). Als letztes ist noch die im internationalen Vergleich stark gesicherte Einflussnahme der Arbeitnehmer zu nennen, deren Mitspracherechte durch eine Arbeitnehmervertretung im

[22] Angemerkt sei an dieser Stelle, dass sich die Suche nach empirischer Evidenz für die Ausprägung der Funktionsmechanismen der unterschiedlichen Corporate Governance Systeme, gegenüber der Suche entsprechender Belege bei der Unternehmensfinanzierung, als deutlich schwieriger erweist, da sich Einflussmöglichkeiten nur schwer messen und quantifizieren lassen.

Aufsichtsrat gesetzlich verankert sind und Deutschland in Bezug auf den Einfluss der Mitarbeiter als *inside influence* Modus kennzeichnet.[23]
Das Kernelement des japanischen Marktes für Unternehmenskontrolle scheint die Stabilität zu sein, welche die Geschäfts- und damit verbunden auch die Kontrollstrukturen aufweisen (Hackethal 2000: 157). Weiterhin kann im Falle Japans eine Dominanz von *Insidern* bei der Beeinflussung der Unternehmensleitung festgestellt werden (Hackethal 2000: 185). Die Inaktivität des Marktes für Unternehmenskontrolle ist dadurch empirisch bestätigt, dass es auf diesem seit der Nachkriegszeit zu keiner einzigen feindlichen Übernahme gekommen ist.[24] Im Gegenteil dazu spielt im Falle Japans die Überwachung der Unternehmen durch beteiligte Finanz- und Nichtfinanzunternehmen eine bedeutende Rolle (siehe Tabelle 1) und deutet auf den *control* Modus hin. Weiter verweisen Allen/Gale (2000) und Prigge (1998) auf die wichtigsten Studien, die in ihrer Gesamtheit die These stützen, dass *relationship lending* in Deutschland und Japan weitaus verbreiteter ist als in den USA.[25] Erstgenannte Autoren schreiben von einem bezeichnenden *main bank* System und einem ausgeprägten Beziehungsgeflecht zwischen Banken und Unternehmen in beiden Ländern (Allen/Gale 2000: 103). Dies stützt eine Charakterisierung als *relationship lending* System mit den entsprechenden Vor- und Nachteilen wie bspw. der Liquiditätssicherung für die Unternehmen. Itoh (1994) liefert weiter eine Fülle empirischer Belege dafür, dass Bindungs- und Anreizmechanismen, die Mitarbeiter zur Bildung von spezifischem Humankapital anregen, in Japan wesentlich verbreiteter sind als in den USA, was auf den Modus der *inside influence* hindeutet.[26]
Im Falle Japans sprechen also, ebenso wie im Fall Deutschlands, die meisten vorgelegten empirischen Belege und Fakten für ein *Insider*-System mit den Modi *control, relationship lending* und *inside influence.* Angemerkt sei an dieser Stelle bereits, dass sich die Interessen der Stakeholder in Japan und Deutschland trotz der gefundenen Analogien in anderer Hinsicht jedoch deutlich unterscheiden.

Nach Hackethal (2000) deuten die beobachteten Trends in den USA dagegen auf eine systemweite Akzentuierung der *Outsider*-Kontrolle hin, wobei er insbesondere auf die achtziger Jahre hinweist, in denen sich das Finanzsystem der USA zu einer reinen Form des „theoretisch konzeptionellen Prototyps“[27] eines *Outsider*-Systems entwickelt hat. Aus Tabelle 1 kann man, im Gegensatz zu Japan und Deutschland, einen gut funktionierenden Markt für Unternehmens-

23 Vgl. Allen, F. / Gale, D. (2000), S. 86 oder Hackethal, A. / Schmidt, R. (2000), S. 22.
24 Siehe dazu ausführlicher Kester, C. (1991) oder Allan, F. / Gale, D. (2000).
25 Vgl. Allen, F. / Gale, D. (2000), S. 103-107 und Prigge, S. (1998), S. 1020-1024.
26 Siehe dazu ausführlich Itoh, H. (1994).
27 Vgl. Hackethal (2000), S. 180.

kontrolle erkennen, was im Falle der USA für eine *liquidity* Orientierung bezüglich der Einflussnahme der Anteilseigner spricht. Darüber hinaus zeigen empirische Belege des Marktes der Unternehmenskontrolle ferner, dass fast jedes zehnte amerikanische Großunternehmen, welches 1980 zum *Fortune 500* gehörte, Ziel einer feindlichen Übernahme wurde.[28] Ein wesentlich geringerer Konzentrationsgrad der verschiedenen Investorengruppen spricht auch für eine solche *liquidity* Orientierung (Hackethal 2000: 155). Wiesen die Studien im Falle Deutschlands und Japans auf ausgeprägte *relationship lending* Beziehungen hin, so zeigten sie für die USA eine weitaus niedrigere Verbreitung derselben, was genügen soll, um eine Dominanz der *arm's length lending* Beziehung anzudeuten.[29] Die im Vergleich zu Deutschland höheren durchschnittlichen Fluktuationsraten der Mitarbeiter amerikanischer Firmen können, entsprechend der oben dargestellten Logik, als ein Indikator für niedrigere Anreize zum Aufbau von firmenspezifischem Humankapital und für den Modus der *outside opportunities* gewertet werden.[30] Diese These wird durch andere empirische Studien unterstützt, welche ein niedrigeres Niveau an firmenspezifischem Humankapital für amerikanische Firmen nachweisen.[31]
Zusammenfassend lässt sich also sagen, dass sich das Corporate Governance System der USA generell als ein *Outsider*-System charakterisieren lässt. Im Gegensatz zu den in Deutschland und Japan vorherrschenden Modi zeichnet sich dieses durch eine *control* Orientierung, *relationship lending* Beziehungen und den Modus der *outside opportunities* aus (Hackethal/Schmidt 2000: 78f).

2.2.2.4 Abschließende Bemerkungen zur Corporate Governance

Nach der Betrachtung der Unternehmensfinanzierung und der Funktionsmechanismen der unterschiedlichen Corporate Governance Systeme sollen die folgenden Zusammenhänge festgehalten werden:

(1) Zunächst kann ein direkter Bezug zwischen den unterschiedlichen Mechanismen der Unternehmenskontrolle und der relativen Verfügbarkeit von Informationen über die zu finanzierenden bzw. zu kontrollierenden Firmen erkannt werden (Hackethal/ Schmidt 2000: 78f). Dabei lässt sich hinsichtlich der Verfügbarkeit von Informationen eine Situation der Externalisierung von einer Situation der Internalisierung von Information unterscheiden, wobei hier unter Informationen insbesondere Angaben über Vermögens- und Ertragslage sowie Informationen über wichtige strategische und personelle Entscheidungen der Unternehmen verstanden werden (Hackethal/Schmidt 2000: 63f). Erstere beschreibt Informationen als ein quasi verfügbares Allgemeingut, wohingegen bei

[28] Siehe dazu ausführlich Prowse, S. (1994).
[29] Vgl. Allen, F. / Gale, D. (2000), S. 103-107 und Prigge, S. (1998), S. 1020-1024.
[30] Für eine ausführliche Darstellung siehe Abraham, K. / Houseman, S. (1993).
[31] Siehe dazu Arbeiten von Acemoglu, D. (1996), Harhoff, D. / Kane, T. (1997) und MacDuffie, J. / Kochan, T. (1995).

der Internalisierung Informationen der Unternehmen nur gezielt weitergegeben werden, was die Entstehung eines Kreises von Informierten zur Folge hat, welcher sich gegenüber der Allgemeinheit abgrenzt (Hackethal/Schmidt 2000: 64). Je nach Verfügbarkeit von Informationen haben sich also Corporate Governance Systeme in Situationen der Internalisierung zu *Insider*-Systemen und in Situationen der Externalisierung zu *Outsider*-Systemen entwickelt.

(2) Führt man diesen Gedankengang weiter, so kann man diese Ergebnisse mit den Charakteristika bankenorientiert bzw. kapitalmarktorientiert verbinden. Eine Externalisierung von Informationen ist in Finanzsystemen mit Marktorientierung zu finden, in denen bspw. durch hohe Publizitätsvorschriften für ausreichend vorhandene öffentliche Informationen gesorgt wird. Die Eigentümerkonzentration in diesen ist gering und es kommt, entsprechend einem *Outsider*-System, zur Unternehmenskontrolle durch den Markt für Unternehmenskontrolle im Sinne von Manne (1965). Dagegen gilt für Finanzsysteme mit Bankenorientierung, dass diese beiden Aktionen an einen Finanzintermediär delegiert werden, da durch die vorliegende Informationsinternalisierung die Informationsbeschaffung sowie eine effiziente Unternehmenskontrolle erschwert werden. Die Instrumente, welcher sich die Banken dabei bedienen, sind zum Beispiel langfristige Kundenbeziehungen, hohe Konzentration von Gläubigeransprüchen oder Beteiligung am Eigenkapital der Unternehmen.[32]

2.3 Konzepte bezüglich der Entwicklung von Finanzsystemen

2.3.1 Konvergenz von Finanzsystemen – Erwartungen und Realität

Die Frage danach, welches der betrachteten Finanzsysteme mit seinen jeweiligen systemspezifischen Ausprägungen wohl das bessere bzw. „das Beste" sei, beschäftigt schon seit langem die Fachpresse und wissenschaftliche Autoren. Diesbezüglich galt in den 80er Jahren insbesondere von amerikanischer Seite die Auffassung, dass das deutsche Finanzsystem dem amerikanischen überlegen sei.[33] Dagegen sind die Meinungen und Darstellungen heutzutage eher gegenteilig, und man favorisiert tendenziell das amerikanische bzw. kapitalmarktorientierte Modell (Allen/Gale 2000: 5). Trotz dieser offensichtlichen Kurzlebigkeit der Einschätzungen und dem Mangel eines objektiven Bewertungsmodells kommt es immer wieder zu solchen subjektiven Präferenzen von Finanzsystemen.

Wird ein Finanzsystem als das Effizienteste klassifiziert, so ergeben sich daraus weitreichende Implikationen.[34] In einem beispielhaften Modell zeichnen

[32] Auf Anforderungen für ein effizientes System der Internalisierung bzw. Externalisierung soll hier nicht weiter eingegangen werden. Siehe dazu Schmidt/Hackethal (2000), S. 65.

[33] Siehe dazu bspw. Porter, M. (1992).

[34] Die Frage, ob es überhaupt ein solches, allen anderen überlegenes Finanzsystem gibt bzw. wie sich dessen Überlegenheit objektiv messen lassen soll, sei hier also zurückgestellt.

Bebchuk und Roe (1998) diese Konsequenzen nach. Sie beziehen sich dabei auf die Ausprägungen der Corporate Governance als Kriterium zur Beurteilung für ein gutes oder schlechtes Finanzsystem. Nach den genannten Autoren kommt es in Zeiten zunehmenden internationalen Wettbewerbs auch zu einem Wettlauf um das effizienteste Finanzsystem, da auch dessen Struktur einen Standortvorteil bzw. Standortnachteil für die entsprechenden Länder darstellt. Folglich müssen sich die als unterlegen klassifizierten Systeme den überlegenen durch strukturelle Veränderungen anpassen, um weiterhin wettbewerbsfähig zu bleiben und nicht vom Markt verdrängt zu werden (Bebchuk/Roe 1998: 5,8). Aus diesem Gedanken heraus wird die Erwartung an die Konvergenz der Finanzsysteme zum jeweils „besten“ System abgeleitet.
In der Realität bestätigen sich solche Theorien jedoch nicht, da es zu einer solchen Angleichung, zumindest bisher, weder in Europa noch auf globaler Ebene gekommen ist.[35] Im Gegenteil zeigten sich die Finanzierungsmuster sowie die Corporate Governance Strukturen im Zeitablauf als erstaunlich stabil.

2.3.2 Das Konzept der Path Dependence

Die Arbeiten von Bebchuk und Roe sind interessante Beiträge zur Theorie der Entwicklung bzw. Konvergenz von Finanzsystemen. In seinem Buch "Strong Managers, Weak Owners" spricht Roe (1994) davon, dass sog. *institutional features,* also institutionelle Gegebenheiten, die wir bei der Betrachtung des Status Quo für selbstverständlich halten, scheinbar zufällig entstanden sind, da diese aus heutiger Sicht ineffektiv zu sein scheinen.[36] Dass dieser Eindruck meist jedoch täuscht und dass, entgegen vieler Auffassungen, die landesspezifische Geschichte und Politik in der Realität oftmals mehr Einfluss auf die Systeme haben als rein ökonomische Effizienzbetrachtungen, ist die wesentliche Aussage dieses Buches.[37] In Verbindung mit weiteren Arbeiten wird die These auf-gestellt, dass der heutige Status Quo von Finanzsystemen bzw. deren vergangene und zukünftige Entwicklung durch die Pfadabhängigkeit geprägt ist, welche einer schnellen Konvergenz zum effizientesten System entgegen steht.[38]
Drei vorherrschende Erklärungsansätze für dieses Konzept der Pfadabhängigkeit werden dabei angeführt. Nichtkonvergenz von Finanzsystemen wird dabei als Konsequenz hoher Umstrukturierungskosten, fehlender Weitsicht der Entscheidungsträger oder sich ändernder Rahmenbedingungen während der Entwicklung eines Finanzsystems betrachtet. Nach dem ersten Punkt, welcher auch als „switching cost story“[39] bezeichnet wird, argumentieren die Autoren,

[35] Vgl. Schmidt/Hackethal/Tyrell (2002).
[36] Für eine ausführliche Darstellung siehe Roe, M. (1994).
[37] Vgl. dazu Abschnitt 2.1 dieser Arbeit.
[38] Siehe dazu ausführlich Bebchuk, A. / Roe, M. (1998).
[39] Vgl. Schmidt/Spindler (1999), S. 4.

dass es aufgrund hoher Umstrukturierungskosten, deren Existenz auch in der Realität nachweisbar ist, zunächst zu einer Schlechterstellung der gesamten Gesellschaft kommt. Schmidt und Spindler (2002) interpretieren weiter, dass diese Umstrukturierungskosten Veränderungen und damit eine Konvergenz verhindern, solange der externe Druck nicht groß genug ist (Schmidt/Spindler 2002: 314f).
Als weitere Erklärungsansätze im Rahmen des Konzeptes der *path dependence* werden die "biologists' story" bzw. die "local-maximum trap story"[40] angeführt. Standpunkt der erstgenannten ist es, dass es einerseits, insbesondere vom Startpunkt des Entwicklungspfades der erreichbaren Optima abhängt, ob ein System zu einem globalen Optimum kommen kann oder nicht. Andererseits würden Finanzsysteme, ähnlich wie auch in der Evolution zu beobachten, lediglich zu lokalen Optima streben, welche nicht globalen Optima entsprechen müssten (Schmidt/Spindler 2002: 315). Die Ursache liege folglich in der fehlenden Weitsicht der Entscheidungsträger, welche nicht nach globalen, sondern lediglich nach den schnellstmöglich erreichbaren lokalen Maxima streben.
Weiter wird nach der „local-maximum trap story" argumentiert, dass sich durch unvorhergesehene Ereignisse während der Entwicklung hin zu einem globalen Optimum an den landesspezifischen Rahmenbedingungen etwas Fundamentales ändern könne, was das erhoffte globale Optimum zu einem lokalen Optimum reduziere. In einem solchen Fall seien die Systeme also quasi in ihrem Entwicklungspfad bzw. in ihren lokalen Optima gefangen, da die weiter oben bereits erläuterten Umstrukturierungskosten einen Wechsel auf einen anderen, zu einem globalen Optimum führenden Entwicklungspfad verhinderten.

2.3.3 Das Konzept der Komplementarität

Das von Roe und Bebchuk in mehreren Arbeiten für die Resistenz von Corporate Governance Systemen angeführte Argument der Pfadabhängigkeit lässt sich mit dem Gedanken der Komplementarität erweitern (Schmidt/Spindler 2002: 11). Anders dargestellt, führt das Konzept der Komplementarität direkt zum Prinzip der Pfadabhängigkeit. Zwar wird von Bebchuk und Roe (1998) das Prinzip der Komplementarität bereits erläutert, es spielt jedoch keine zentrale Rolle bei den gegebenen Erklärungsansätzen dieser Pfadabhängigkeit (Bebchuk/ Roe 1998: 18ff). Komplementarität einzelner Elemente eines Finanzsystems liegt entsprechend Hackethal/Schmidt (2000) dann vor,

> *„wenn sich die positiven Wirkungen der Elementsausprägungen gegenseitig verstärken und die negativen Auswirkungen gegenseitig abschwächen, d.h. wenn eine höhere Ausprägung eines Elements den Vorteil aus einer Erhöhung der Ausprägung des anderen Elements erhöht (et vice versa) und wenn es folglich für*

[40] Vgl. Schmidt/Spindler (1999), S. 5.

> *die „Qualität" oder Funktionsfähigkeit oder den Wert eines Systems darauf ankommt, dass die Ausprägungen der (komplementären) Merkmale aufeinander abgestimmt sind oder, einfach ausgedrückt, dass die Ausprägungen zueinander passen."* (Hackethal, A. / Schmidt R. (2000), S. 58)

Beschreibt die Komplementarität also die Beziehung zweier oder mehrerer Elemente untereinander, so bezeichnen Hackethal/Schmidt (2000) ein System dann als *konsistent*, wenn

> *„die Vorteile der Komplementarität genutzt sind und eine kleine Veränderung in der Ausprägung eines oder beider Merkmale keine Verbesserung im Sinne einer Ziel- und Bewertungsfunktion erlaubt."* (Hackethal, A. / Schmidt R. (2000), S. 58f)

Liegt also Komplementarität der einzelnen Elemente eines Finanzsystems vor und kann dieses System als konsistent bezeichnet werden, so befindet sich das Finanzsystem im Gleichgewicht bzw. in einem der vielen möglichen lokalen Optima (Hackethal/Schmidt 2000, S. 59).
Hackethal/Schmidt (2000) erklären das Konzept der Komplementarität formal anhand einer supermodularen Funktion, welche der Produktionstheorie entstammt. Wie man der grafischen Darstellung dieser Funktion, welche im Anhang II dieser Arbeit abgebildet ist, entnehmen kann, ergibt sich hier ein Szenario mit mehreren Optima. Die wichtigsten Implikationen dieser grafischen Darstellung der Funktion im Kontext der Komplementarität und der Konsistenz sind die Folgenden.
Zum einen zeigt sich, dass eine simultane Erhöhung bzw. Verminderung der einzelnen Komponenten sinnvoller ist als eine einseitige (Hackethal/Schmidt 2000: 60). Weiter argumentieren die Autoren, dass bereits das bloße Wissen um die Komplementarität der zugrunde liegenden Beziehungen einem Entscheidungsträger erlaubt, die Menge der bestehenden Handlungsmöglichkeiten erheblich einzugrenzen, ohne Gefahr zu laufen, ein längerfristig angestrebtes Optimum zu verfehlen (Hackethal/Schmidt 2000: 60). Die wichtigste Implikation ist schließlich, dass ausgehend von lokalen Optima, kleine bzw. marginale Änderungen oder solche, welche die Beziehungen der komplementären Elemente nicht beachten, ausschließlich zu inferioren Konstellationen führen. Lediglich umfassende Änderungen, die den direkten Sprung zu einem neuen lokalen Optimum bedeuten, kommen daher als sinnvolle Alternative zu bestehenden lokalen Optima in Frage.
Das Prinzip der Komplementarität klammert quasi die Frage nach dem "besten" Finanzsystem aus und untersucht stattdessen stärker die Konsistenz bzw. das Harmonieren der einzelnen Elemente des Finanzsystems untereinander. Zueinander passende Einzelelemente führen zur Konsistenz des Systems, auch wenn es sich dabei nur um lokale und nicht um globale Optima handelt.
Die in Abschnitt 2.2 untersuchten Finanzsysteme zeigten die Kombination von Informationsinternalisierung – *Insider*-System – Bankenorientierung im Falle

Japans und Deutschlands, sowie Informationsexternalisierung – *Outsider*-System – Marktorientierung im Falle der USA und gaben vermutlich den Anstoß zum Konzept der Komplementarität. Entsprechend der gefundenen Dichotomie bemerken Hackethal/Schmidt (2000):

> *„Die Parallelität und darüber hinaus die Komplementarität zu der entsprechenden Dichotomie der Informationsinternalisierung und –externalisierung bzw. zur Bank- bzw. zur Kapitalmarktdominanz im Teilsystem der Unternehmensfinanzierung ist offensichtlich und scheint somit mehr als purer Zufall zu sein.“* *(Hackethal, A. / Schmidt, R. (2000), S. 79)*

Entsprechend dieser Vorstellung zeigt die folgende Abbildung in den Ecken links oben und rechts unten in sich konsistente Systeme mit komplementären Elementen. Dabei wird weiter die These aufgestellt, dass die Stabilität der Umwelt als exogen gegebenes Element möglicherweise determiniert, welches Finanzsystem zu welcher Art von Umwelt passt (Hackethal/Schmidt 2000: 85).

Abbildung 3: Komplementäre Funktionsprinzipien und konsistente Elemente

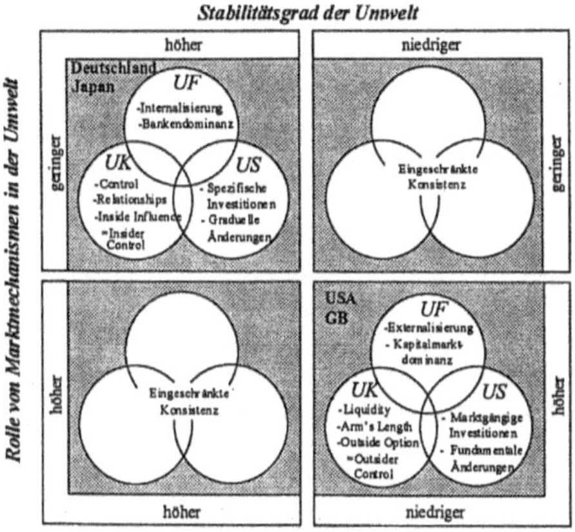

Quelle: Hackethal/Schmidt (2000), S. 28

Entsprechend der Abb. 3 wird die Ansicht vertreten, dass zu einem höheren Stabilitätsgrad der Umwelt ein kooperativ-konfliktionäres Finanzsystem wie das deutsche oder japanische sowie zu einem niedrigeren Stabilitätsgrad ein marktorientiertes Finanzsystem wie das der USA scheinbar besser „passt“.[41] Ausgehend von dieser Vorstellung von Konsistenz und Komplementarität ist es also wenig sinnvoll, die „besten“ Elemente von *Insider*-Systemen mit solchen von *Outsider*-Systemen in der Hoffnung zu kombinieren, dass deren Mischung zu einem globalen Optimum führt. Nach Schmidt/Spindler (2001) ist für die durch solche Kombinationen entstehenden *middle of the road* Systeme eher das Gegenteil der Fall (Schmidt/Spindler 2001: 84).

Fragt man weiter nach den Implikationen des Konzeptes der Komplementarität

---

[41] Zur Abbildung 3 sei angemerkt, dass es sich bei der Seitenzahl in der Quellenangabe um die des Working Papers Hackethal/Schmidt (2000) handelt - siehe Literaturverzeichnis.

bezüglich der Entwicklung von Finanzsystemen, so verstärkt dieses Konzept die bereits vorgetragenen Argumente der Pfadabhängigkeit (Schmidt/Spindler 1999: 88). Schmidt, Hackethal und Tyrell (2002) erläutern diesbezüglich, dass vorhandene konsistente Systeme sich nicht zueinander entwickeln, sondern in ihren gefundenen Gleichgewichten verweilen (Schmidt/Hackethal/Tyrell 2002: 45). Sollte es weiterhin zu einer Angleichung der Systeme kommen, so erläutern die Autoren, dass ein solcher Wechsel nicht in kleinen, aufeinanderfolgenden Schritten vollzogen würde, sondern in einem simultanen und alle Änderungen umfassenden Schlag (Schmidt/Hackethal/Tyrell 2002: 46). Nach ihrer Argumentationsweise lässt sich der Grund dafür bei der oben bereits erwähnten, supermodularen Funktion und deren Eigenschaften finden.[42] Ausgehend von konsistenten Systemen bzw. lokalen Optima, bringen kleine Veränderungen lediglich Verschlechterungen gegenüber dem vorherigen Gleichgewicht, weshalb man also durch simultan durchgeführte, umfassende Änderungen versuchen muss, direkt von einem lokalen Optimum zum nächsten Gleichgewicht zu „springen".

Bezüglich solcher umfassenden Veränderungen ist jedoch anzumerken, dass diese äußerst schwierig durchzusetzen sind, da sie weitreichende Umstrukturierungen auf rechtlicher und wirtschaftlicher Ebene bedeuten. Die Entscheidungsträger müssen stets einen Überblick über die Gesamtheit des Systems haben sowie die entsprechende Entscheidungsgewalt besitzen, diese Elemente simultan zu verändern (Hackethal/Schmidt 2000: 61). Zudem sind die einzelnen Elemente eines Finanzsystems, wie bspw. Corporate Governance Systeme und deren Funktionsmechanismen, in der Theorie zwar relativ einfach darzustellen, in der Realität erweist es sich jedoch als äußerst schwierig, genaue Grenzen der Einflussnahme einzelner wirtschaftlicher und rechtlicher Elemente abzustecken. Diese intensiven und oftmals undurchsichtigen Beziehungen der Elemente zueinander machen also die Umsetzung solch fundamentaler und die gesamte Struktur der Wirtschaft und das Rechtssystem betreffenden Änderungen höchst unwahrscheinlich. Entsprechend skeptisch äußern sich auch Schmidt/ Spindler (2002) bezüglich der Konvergenzerwartungen an einzelne Elemente von Finanzsystemen bzw. der Finanzsysteme an sich:

> *„The dynamic properties of systems composed of complementary elements are such that a rapid convergence towards a universally best corporate governance system is not likely to happen."* *(Schmidt, R. / Spindler, G. (2002), S. 311f)*

Nach diesen theoretischen Ausführungen steht in den folgenden Kapiteln Chile im Zentrum des Interesses. Dabei soll nun in Kapitel 3 zunächst ein Überblick über die Akteure im chilenischen Finanzsektor gegeben werden.

[42] Siehe Anhang II für eine grafische Veranschaulichung dieser.

3 Überblick über den chilenischen Finanzsektor

In dem folgenden Kapitel dieser Arbeit soll zunächst, entsprechend des Schalenmodells von Papenfuß, ein erster Überblick über die institutionellen Elemente des chilenischen Finanzsektors sowie grundlegende Informationen zu diesen gegeben werden. Dabei stehen die Zentralbank, die Bankfinanzintermediäre (BFI), die Nichtbankfinanzintermediäre (NBFI) sowie die Finanzmärkte in den entsprechenden Abschnitten 3.1 bis 3.4 im Zentrum des Interesses. Ein in Abschnitt 3.5 folgender Vergleich der absoluten Größe der einzelnen Akteure ab dem Jahr 1970 schließt dieses Kapitel ab und liefert die ersten Anhaltspunkte für die Bedeutung der einzelnen Akteure im chilenischen Finanzsystem.

3.1 Die chilenische Zentralbank

Die Gründung der *Banco Central de Chile* wurde am 21. August 1925 durch ein Dekret auf der Basis des Gesetzes N° 486 beschlossen. Ausgestattet mit einem nominellen Kapital von 150 Mio. chilenischen Pesos, nahm sie ihre Arbeit am 11. Januar 1926 auf.[43] Die Hauptaufgaben der Zentralbank waren schon damals primär monetärer Art. Ihre Tätigkeit zielte entsprechend auf die Erhaltung der Stabilität der chilenischen Währung sowie auf die Steuerung des Geldumlaufs ab. Dazu wurde sie mit dem Monopol des Gelddruckens ausgestattet, wobei sie die Restriktion auferlegt bekam, zu jeder Zeit eine Goldreserve von mindestens 50 Prozent der gesamten emittierten Geldmenge zu halten.[44]
Durch die Verabschiedung eines Dekrets auf der Basis des Gesetzes N° 106 im Jahr 1953 erhielt die Zentralbank eine zweite *Ley Orgánica del Banco Central* (LOBC), welche die folgende neue Zielsetzung hatte:

> *„Encourage the orderly and progressive development of the national economy through credit and monetary policy, avoiding any inflationary or depressive tendencies, and thus permitting the maximum use of the countries productive resources."* *(Banco Central de Chile, Internetportal 2)*

Entsprechend dieser Zielsetzung fing die Zentralbank ab dem Jahr 1953 an, einen größeren Einfluss auf die Entwicklung der chilenischen Wirtschaft auszuüben, wobei dem Erreichen der Vollbeschäftigung höchste Priorität eingeräumt wurde, ohne dabei jedoch ihre monetären Aufgaben zu vernachlässigen.[45] Im Jahre 1960 wurde die dritte *LOBC* mit dem Gesetz N° 247 verabschiedet, die einige wichtige Änderungen in Bezug auf deren institutionellen Aufbau sowie eine Ausweitung der Befugnisse bei der Kontrolle

[43] Vgl. Banco Central de Chile, Internetportal (1).
[44] Vgl. Banco Central de Chile, Internetportal (1).
[45] Vgl. Banco Central de Chile, Internetportal (2).

von Krediten und der Steuerung von Mindestreservesätzen beinhaltete.[46] Weiter wurde der Zusammenschluss mit der *Comisión de Cambios Internacionales* rechtskräftig, welche die Zentralbank dazu ermächtigte, Einfluss auf Gesetze des Außenhandels und ausländischer Transaktionen zu nehmen.[47]
Mit der vierten *LOBC,* die am 25. Juni 1975 in Kraft trat, wurde der Zentralbank vollkommene Autonomie bei der Erfüllung der ihr übertragenen Aufgaben zugesichert. Dadurch wurde sie zu einer von der Regierung unabhängigen Institution. Schließlich wurde diese vierte *LOBC* im Jahr 1979 durch den Artikel 27 (DL No. 3001) ergänzt, welcher es der Zentralbank strikt verbot, jegliche Art direkt vom chilenischen Staat emittierter Schuldverschreibungen anzukaufen und damit diesen zu finanzieren. Seit dieser vierten LOBC ist es bis zum heutigen Tag die alleinige Aufgabe der Zentralbank, für Preis- und Währungsstabilität zu sorgen sowie alles Nötige zu veranlassen, um die ordnungsgemäße und reibungslose Abwicklung des Zahlungsverkehrs sicherzustellen.[48] Bei der Wahrnehmung dieser Aufgaben stellt der An- und Verkauf kurzfristiger Schuldverschreibungen, der sog. *Central Bank Notes,* ihr wichtigstes geldpolitisches Instrument dar. Weiter bestimmt sie die unterschiedlichen Mindestreservesätze für die verschiedenen Arten von Verbindlichkeiten der Kreditinstitute und gewährt diesen unter Umständen bei Liquiditätsengpässen kurzfristige Darlehen (Becker 2001: 198).

Mit der im Jahre 1989 auch gesetzlich verankerten Unabhängigkeit des fünfköpfigen Zentralbankrates verfolgte die Zentralbank ab Mitte der Neunziger Jahre eine Liberalisierungspolitik. In diesem Zusammenhang kam es zu einer schrittweisen Lockerung der Zielkorridore des chilenischen Peso, bis die Wechselkurse ab September 1999 schließlich vollkommen den Kapitalmärkten überlassen wurden. Dabei erwies sich die chilenische Währung, insbesondere im Vergleich zu anderen Ländern Lateinamerikas bis dato, als erstaunlich stabil (Wecker 2003: 108).

3.2 Die chilenischen Bankfinanzintermediäre

3.2.1 Überblick über die chilenischen Bankfinanzintermediäre

Die folgende Abbildung 4 gibt einen ersten Überblick über die im chilenischen Bankensektor vertretenen Bankfinanzintermediäre (BFI). Die Zahl in Klammern verweist weiter auf die Anzahl der Institute in Chile zum Ende des Jahres 2002.

[46] Vgl. Banco Central de Chile, Internetportal (2).
[47] Vgl. Banco Central de Chile, Internetportal (2).
[48] Für eine ausführliche Darstellung der Änderungen siehe Banco Central de Chile, Internetportal (2).

Abbildung 4: Überblick über die BFI in Chile zum 31.12.2002

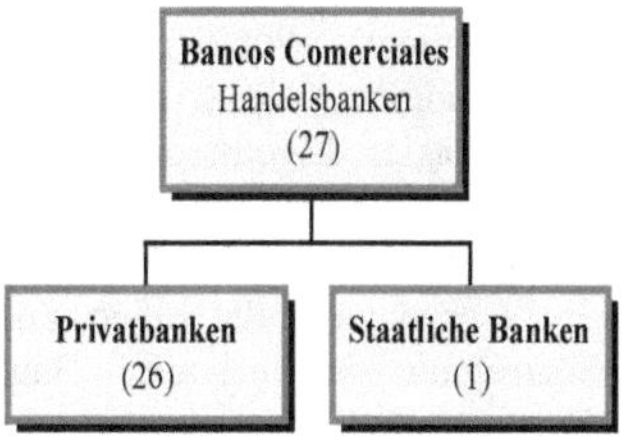

Quelle: Eigene Darstellung - SBIF Internetportal, (a)

Bezüglich der Charakterisierung als Bankfinanzintermediär (BFI) bzw. als Nichtbankfinanzintermediär (NBFI) gilt es zu erwähnen, dass sich lediglich Handelsbanken als „Bank" bezeichnen dürfen. Darüber hinaus ist der Beisatz der Bezeichnung „Banco" in dem Namen des Instituts gesetzlich vorgeschrieben (Pulido 2001: 129). Dementsprechend ist der Bankensektor sehr übersichtlich, da der Sparkassen- und der Genossenschaftssektor beide in die Kategorie der NBFI fallen. Zum 31.12.2002 gab es nach obiger Abbildung 27 Handelsbanken, von denen 26 Privatbanken sind und eine als öffentliche bzw. staatliche Bank betrachtet werden kann.[49]

3.2.2 Grundlegendes zu den privaten Bankfinanzintermediären

Handelsbanken sind von der Rechtsform her Aktiengesellschaften, und ihre Aktivitäten werden explizit in dem Paragraphen N° 69 der *Ley General de Bancos* (Bankengesetz) geregelt (Pulido 2001: 131). Dabei wurde dieses durch verschiedene Reformen über die letzten Dekaden hinweg dahingehend verändert, dass das Tätigkeitsfeld der Handelsbanken sukzessive erweitert wurde (Liso/Soler/Manero/Buil 2002: 181). So ist es diesen beispielsweise seit 1986 erlaubt, Nichtbanken Aktivitäten über Filialen, wie bspw. Leasing- oder Factoringgesellschaften, abzuwickeln (Liso/Soler/Manero/Buil 2002: 181).

Die umfassende Änderung der *Ley General de Bancos* im Jahr 1997 trug schließlich maßgeblich dazu bei, dass die Privatbanken, unabhängig davon, ob chilenischer oder ausländischer Herkunft, heute als Universalbanken in Chile operieren (Becker 2001: 201). Dadurch kam es zu einem alle Bereiche des Bankengeschäfts umfassenden Konkurrenzkampf. Einerseits haben die ausländischen Banken in der letzten Dekade bereits zunehmend versucht, neben dem Investment Bank Geschäft auch im traditionellen Bankgeschäft Fuß zu fassen, andererseits bemühten sich seit 1997 auch die chilenischen Banken, in das Investment Bank Geschäft vorzustoßen, von dem sie, von rechtlicher Seite aus, bis zu diesem Zeitpunkt ausgeschlossen waren (Becker 2001: 204).

Bankenlizenzen werden in Chile von der *Superintendancia de Bancos e Instituciones Financieras* (SBIF) vergeben, die seit dem Jahre 1925 besteht und

[49] Am 1.4.03 erhielt auch die Banco de Paris eine Bankenlizenz der SBIF zugeteilt. Damit erhöht sich deren Gesamtzahl auf 28 und die Privatbankenzahl auf 27 Institutionen.

den Status einer öffentlichen, unabhängigen Institution besitzt (Arriagada/ Romero 2001: 316). Nach einer Beantragung einer Banklizenz prüft die SBIF die Erfüllung der bestehenden Anforderungen, wobei sie weiter als Aufsichtsorgan für die bereits etablierten BFI fungiert (Becker 2001: 200).[50] Seit dem Jahr 1997 sind die BFI weiter den Basler Eigenkapital Vorschriften unterworfen (Pulido 2001: 126).
Darüber hinaus ist die im Jahr 1945 gegründete *Asociación de Bancos e Instituciones Financieras de Chile A.G.* zu erwähnen, die einen Zusammenschluss zur gemeinsamen Interessenvertretung der privaten Banken auf nationaler Ebene darstellt. Durch ihre Einflussnahme hat sie maßgeblich zum heutigen Status Quo der BFI in Chile beigetragen (Liso/Soler/Manero/Buil 2002: 184).

3.2.3 Grundlegendes zu den staatlichen Bankfinanzintermediären

Bei der *Banco del Estado de Chile* handelt es sich um die letzte staatliche Bank, die im Jahre 1953 durch den Zusammenschluss diverser Sparkassen und der *Institución de Crédito Industrial* entstand und selbst den beiden Privatisierungswellen der Ära Pinochet trotzte (Liso/Soler/Manero/Buil 2002: 181). Heute wird die Privatisierung zwar öffentlich diskutiert, jedoch ist diese aufgrund des immer noch hohen Widerstandes von Seiten der Gewerkschaften in diesem Institut in absehbarer Zeit nicht zu erwarten (Becker 2001: 203). Als Aktiengesellschaft gelten für sie die gleichen Vorschriften wie für private Banken, und auch in ihrer Tätigkeit unterscheidet sie sich lediglich in den Aktivitäten, die mit ihrem Status als öffentliches Institut zusammenhängen (Liso/Soler/Manero/Buil 2002: 181f).[51]

Eine wichtige Rolle bis zum heutigen Tag spielt die *Banco del Estado* bei der Vergabe von Finanzmitteln an Gesellschaftsgruppen, denen aufgrund geringer Einkünfte bzw. nicht vorhandener Garantien und Sicherheiten der Zugang zu Finanzmitteln verwehrt geblieben wäre. Sie finanziert dabei insbesondere staatliche Förderungsprogramme, wie bspw. den privaten Wohnungsbau (39,7% der vergebenen Kredite), und unterstützt Programme zur Förderung kleiner Unternehmen (44,9% der vergebenen Kredite), die aus bereits genannten Gründen ebenso erschwerten Zugang zu Finanzmitteln haben (Liso/Soler/ Manero/Buil 2002: 186f).[52]

---

[50] Für eine ausführliche Darstellung der Anforderungen für die Zuteilung einer Banklizenz sowie für Informationen zu der heutigen Bankenaufsicht und deren Prinzipien, zu den von ihr kontrollierten Aspekten sowie zu den neuen Herausforderungen dieser siehe Arriagada, G. / Romero, L. (2001), S. 315-326.
[51] Beispielsweise verwaltet sie die Tesorería General, also die Staatsfinanzen Chiles.
[52] Siehe Anhang III zur prozentualen Vergabe der Kredite der Banco del Estado.

3.3 Die chilenischen Nichtbankfinanzintermediäre

3.3.1 Überblick über die chilenischen Nichtbankfinanzintermediäre

Die in Chile operierenden NBFI lassen sich in vier unterschiedliche Gruppen von Akteuren unterteilen. Zu diesen gehören entsprechend der folgenden Abbildung (1) die bankenähnlichen Institute, (2) die Versicherungsbranche, (3) die Investmentfonds und schließlich (4) die *Administradoras de Fondos de Pensiones* (AFPs). In Abbildung 5 sind diese wieder in einem Schaubild grafisch veranschaulicht.

Abbildung 5: Überblick über die NBFI in Chile zum 31.12.2002

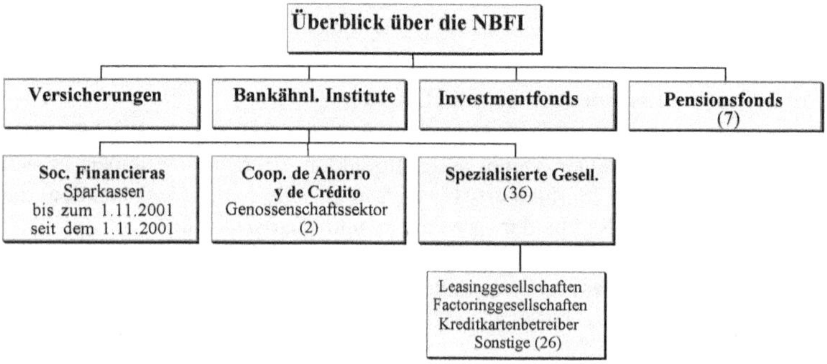

Quelle: Eigene Darstellung - SBIF, Internetportal (a)

Die bankenähnlichen Institutionen lassen sich weiter in den Sparkassensektor, einen Genossenschaftssektor sowie einen speziellen Sektor unterteilen. Dabei führen insbesondere die Gesellschaften des letztgenannten Sektors aus historischen, gesetzlichen oder steuerlichen Gründen sehr spezielle Aktivitäten aus. Im Folgenden wird auf einzelne Besonderheiten der dargestellten Gesellschaftsformen eingegangen.

3.3.2 Grundlegendes zu den bankenähnlichen NBFI

3.3.2.1 Sociedades Financieras

Den *Sociedades Financieras* (SF) ist es im Gegensatz zu den Banken untersagt, Girokonten zu führen oder für ihre Kunden Devisentransaktionen durchzuführen. Daher konzentriert sich ihr Geschäftsfeld weitgehend auf die Vergabe von (Klein-) Krediten und auf die Anlage von Spargeldern (Liso/Soler/Manero/Buil 2002: 182). Bezüglich der Kreditallokation stellt die Vergabe von Konsumentenkrediten mit einem Anteil von 94,9 Prozent der vergebenen Mittel den absoluten Großteil dar.[53] Für die SFs bestehen im Vergleich zu den Banken

[53] Siehe dazu auch Anhang III dieser Arbeit.

niedrigere Kapitalanforderungen bei der Gründung, jedoch dürfen die aufgenommenen Passiva das EK nicht mehr als das Fünfzehnfache (bei den BFI das Zwanzigfache) übersteigen (Becker 2001: 206).
Mit der sich in den 90er Jahren stark intensivierenden Wettbewerbsintensität bei den BFI und der damit verbundenen Ausweitung des Bankgeschäfts gerieten die SFs, die sich insbesondere in den Jahren 1975 bis 1981 gut entwickelten, zunehmend unter Wettbewerbsdruck (Gallego/Loayza 2000: 21). Dies hatte zur Folge, dass diese selbst eine Banklizenz beantragten, um auch in andere Geschäftsbereiche vorstoßen zu können, oder aber von Seiten der Banken aufgekauft wurden.[54] Schließlich reichte auch die letzte SF, die *Financiera Conosur*, im September 2002 bei der SBIF den Antrag auf eine Banklizenz ein, welchem im November des selben Jahres stattgegeben wurde.[55] Damit sind alle Aktiva dieser Gesellschaftsform auf die des Bankensektors übergegangen.

3.3.2.2 Cooperativas de Ahorro y de Crédito

Die ersten *Cooperativas de Ahorro y de Crédito* (CAC) entstanden Mitte des letzten Jahrhunderts. Der Genossenschaftssektor erreichte in seinen besten Zeiten zu Anfang des Jahrhunderts bis zu 200 Gesellschaften. Insbesondere die Hyperinflation zu Beginn der 70er Jahre und die Bankenkrise in den 80er Jahren reduzierte deren Anzahl jedoch um mehr als die Hälfte.[56] Entsprechend der Abbildung 5 bestanden zum Ende des Jahres 2002 nur noch zwei dieser Gesellschaften, wobei diese auch heute noch insbesondere in ländlichen Gegenden vertreten sind.
Die aktuell eher marginale Bedeutung des Genossenschaftssektors im chilenischen Finanzsystem lässt sich hauptsächlich darauf zurückführen, dass im Gegensatz zum Bankensektor, gesellschaftsrechtliche Änderungen und Reformen, die zu einer Ausweitung des Geschäftsbereichs der Genossenschaften geführt hätten, ähnlich wie bei den SFs, nicht erfolgt sind. Die Auswirkungen dieser verschleppten Reformen lassen sich an den drastisch zurückgegangenen Aktiva dieser Gesellschaften aufzeigen. Lag deren zusammengenommener Anteil in den 60er Jahren noch bei etwa 20 Prozent der Aktiva des gesamten Finanzsektors, so klassifiziert deren Anteil von lediglich 0,5 Prozent der Aktiva des Finanzsektors zum 31.12.2001 diese als eine absolute Randerscheinung im Finanzsystem (Liso/Soler/Manero/Buil 2002: 191).
Als Gesellschaftsform ausgeschlossen von der Vergabe von Außenhandelskrediten, dem Anbieten von Leasing Leistungen und anderen Geschäftsfeldern der Universalbanken, machten im Jahr 2001, ähnlich wie bei der letzten SF, die Konsumentenkredite mit einem Prozentsatz von 89,3 Prozent den absolut

[54] So wurden im Jahr 1995 die SF FUSA von der Banco Santander sowie im Jahr 1999 die SF Atlas und die SF Condel von der Citibank und Corpbanca aufgekauft.
[55] Vgl. SBIF, Internetportal (1).
[56] Vgl. SBIF, Internetportal (e), S. XIX..

dominanten Anteil bei der Kreditallokation des Genossenschaftssektors aus.[57] Die absolute Kreditvergabe der CAC belief sich zum Ende 2002 auf lediglich 300 Mio US $ verglichen mit einem Kreditvolumen i.H.v. 45 Mrd US $ der BFI.[58]

3.3.3 Grundlegendes zu den spezialisierten Finanzierungsgesellschaften

Neben den bereits erwähnten SFs und den CACs gibt es noch eine ganze Reihe spezialisierter Gesellschaften, deren Anzahl nach Information der SBIF zum 31.12.02 bei 36 lag.[59] Dabei werden alle von den dargestellten Gesellschaften außer den Kreditkartenbetreibern oder den zu einer Bank gehörigen Gesellschaften von der *Superintendancia de Valores y Seguros (SVS)* beaufsichtigt, wobei für die genannten Ausnahmen wiederum die SBIF zuständig ist (Pulido 2001: 130).

3.3.4 Grundlegendes zu den Administradoras de Fondos de Pensiones

Administradoras de Fondos de Pensiones (AFP) sind private Verwaltungsgesellschaften von Rentenbeiträgen. Sie existieren in Chile erst seit dem Inkrafttreten der Rentenreform im Jahr 1981, wohingegen das Prinzip der Alterssicherung in Chile bereits vorher eine lange Tradition besaß. Bereits im Jahre 1924 wurde in Chile als einem der ersten Länder außerhalb Europas ein Gesetz verabschiedet, welches alle privaten Unternehmen dazu verpflichtete, Beitragsleistungen in ein Alterssicherungssystem einzuzahlen (Bürfent 2000: 121). Zur Verwaltung dieser Gelder wurden nach und nach für die unterschiedlichen Berufszweige staatlich verwaltete Institute wie bspw. die *„Caja de Seguro Obrero"* gegründet. Bis ins Jahr 1980 bildeten sich aus diesen drei große Pensionskassen heraus, welche zusammen genommen 2.226.900 Mitglieder bzw. 93,88 Prozent der Arbeitnehmer vereinigten (Bürfent 2000: 122). Allen Pensionskassen gemeinsam war zu diesem Zeitpunkt die Finanzierungsform nach dem Umlageverfahren, welches auf *Samuelson (1958)* zurückgeht.[60]
Durch die Verabschiedung des Gesetzes D.L. N° 3.500 am 4. November 1980 wurde eine komplette Umstrukturierung des Systems der Altersvorsorge vorgenommen, welches im Mai 1981 in Kraft trat (Kellner 1998: 37). Dabei wurde das von der öffentlichen Hand geführte Umlagesystem mit Festleistungen auf ein privat verwaltetes, vollkapitalisiertes *Pay As You Go* System mit Festbeiträgen auf der Basis individueller Konten umgestellt, welche von den *Administradoras de Fondos de Pensiones* verwaltet werden (Gallego/Loayza 2000: 19).[61] Im Mai 1981 nahmen zwölf dieser allesamt privaten AFPs, welche

[57] Siehe dazu auch Anhang III dieser Arbeit.
[58] Vgl. SBIF, Internetdownload (e), S. XIX.
[59] Vgl. SBIF, Internetportal (1).
[60] Für eine genaue Darstellung des Umlageverfahrens siehe Samuelson, P. (1958), S. 467ff.
[61] Für eine ausführliche Darstellung des neuen Systems siehe Kellner, G. (1998), S. 37ff oder Bürfent, P. (2000), S. 127-140.

die Gesellschaftsform einer *Sociedad Anónima* (Aktiengesellschaft) besitzen und von der staatlichen *Superintendancia de Administradoras de Fondos de Pensiones* (SAFP) beaufsichtigt werden, ihre Arbeit auf.[62] Ihre Hauptaufgaben bestehen damals wie heute in der Annahme der Rentenbeiträge, der Verwaltung der Gelder auf persönlichen Konten sowie in der Auszahlung dieser im Zeitablauf akkumulierten Mittel entsprechend der Zeitrente (Bürfent 2000: 141). Die Salden der Konten sind dabei für die Besitzer jederzeit einzusehen, was dem System eine hohe Transparenz verleiht.

3.4 Die chilenischen Kapitalmärkte

Seit den ersten, erfolgslosen Versuchen der Errichtung einer Börse aus dem Jahre 1840 verstrich jedoch noch mehr als ein halbes Jahrhundert, bis schließlich die *Bolsa de Comercio de Santiago* (BCS) am 27. November 1893 gegründet wurde.[63] Zu diesem Zeitpunkt bestanden bereits 329 Aktiengesellschaften, weshalb ein Handelsplatz, an dem Transaktionen durchgeführt werden konnten, dringend nötig war. Die Kapitalmärkte erfuhren bis zum Ende der 30er Jahre eine ansehnliche Entwicklung, und so finanzierten sie über verschiedene Investitionsinstrumente etwa 40 Prozent der Aktiva der chilenischen Wirtschaft (Lavado Montes 1992: 90). Ab den vierziger Jahren wurde deren Entwicklung jedoch aus verschiedenen Gründen gebremst, und es folgte eine fundamentale Rückentwicklung der Kapitalmärkte.[64] Im Jahr 1973 wurden 7 Prozent der Aktiva über die Kapitalmärkte finanziert, was deren Bedeutungsverlust über die vergangenen Jahrzehnte und deren marginale Bedeutung gegenüber anderen Akteuren des Finanzsystems zu Beginn der 70er Jahre verdeutlicht (Lavado Montes 1992: 90). Die Entwicklung der Kapitalmärkte bis zum heutigen Tag, ausgehend von dem niedrigen Niveau zu Beginn der 70er Jahre, soll im Abschnitt 3.2 sowie im Kapitel 4 dieser Arbeit detailliert dargestellt werden.

Seit dem Jahr 1973 ist die BCS Mitglied in der *Federación Iboamericana de Bolsas y Valores* und seit 1991 Mitglied der *Federación Internacional de Bolsas y Valores.* Sie unterliegt sowohl als sog. *Sociedad Anónima abierta* (offene Aktiengesellschaft) als auch als Intermediär des Wertpapiermarktes der Kontrolle durch die *Superintendancia de Valores y Seguros* (SVS).[65] Diese fungiert auch als Kontrollorgan aller an der BCS gelisteten Unternehmen.

Die Funktionen der *Bolsa de Comercio de Santiago* ähneln natürlich denen anderer Börsen der Welt, weshalb diese hier nicht näher dargelegt werden sollen.[66] Der Handel von Wertpapieren an der BCS beschränkt sich dabei zur

---

[62] Vgl. SAPF Internetportal, Download (a).

[63] Vgl. Bolsa de Comercio de Santiago, Internetdownload (f), S. 4.

[64] Für die Darstellung der Hintergründe dieser Rückentwicklung siehe Lavado Montes, H. (1992), S. 90.

[65] Vgl. Bolsa de Comercio de Santiago, Internetdownload (g), S. 6.

[66] Für eine Darstellung dieser siehe BCS, Internetdownload (g), S. 6.

Zeit auf Aktien, Optionsscheine und Futures, verschiedene *fixed income* Instrumente, Instrumente der Finanzintermediation, monetäre Instrumente sowie auf Anteilsscheine von Investmentfonds und ausländischen *mutual funds.*[67]
Drei verschiedene Aktienindizes existieren in Chile. Dazu zählen der IGPA, welcher alle gelisteten Unternehmen umfasst, der IPSA, der ähnlich wie der DAX die nach Marktkapitalisierung 40 größten Unternehmen abbildet, sowie der INTER10, welcher die 10 größten Unternehmen aus dem IPSA abbildet, die auch an ausländischen Börsen Aktien emittiert haben.[68] Änderungen bei der Zusammensetzung der Indizes werden bei Handlungsbedarf dreimal im Jahr durchgeführt.[69]

3.5 Absolute Größe der einzelnen Akteure im Zeitablauf

Das Jahr 1973 kann in vielerlei Hinsicht als die Geburtsstunde des modernen chilenischen Finanzsystems bezeichnet werden. Die Zeitspanne ab dem Jahr 1970 ist, wie später auch im Kapitel 6 zu erläutern sein wird, sowohl für die Entwicklung des Finanzsektors als auch unter landesspezifischen Gesichtspunkten von großer Bedeutung. Daher soll auch der Fokus der Betrachtung der Charakteristika der einzelnen Akteure auf dem Zeitraum ab 1970 bis zum heutigen Tag liegen. Um ein erstes Gefühl für die Bedeutung der einzelnen Akteure zu bekommen, soll nun zunächst deren absolute Größe im Zeitablauf betrachtet werden. Als Indikator für die absolute Größe der Zentralbank und der BFI sollen die Aktiva im Verhältnis zum Bruttosozialprodukt (BSP) betrachtet werden. Als Kennzahl für die absolute Größe der Wertpapiermärkte bzw. der Rentenmärkte wird die jeweilige Marktkapitalisierung (MC) in Relation zum BSP herangezogen. Die Entwicklung der NBFI ist in der folgenden Abbildung nicht abgetragen, da der Anteil der bankähnlichen Institute unter diesen lediglich marginal ist und Versicherungsunternehmen, Investmentfonds sowie AFPs überwiegend auf den Sekundärmärkten investiert sind.[70] Durch deren Nichtberücksichtigung soll eine Doppelzählung der am Kapitalmarkt platzierten Papiere in den Portfolios der NBFI und in der Marktkapitalisierung der Kapitalmärkte vermieden werden.
Angemerkt sei an dieser Stelle weiter, dass entgegen der folgenden grafischen Darstellung Aktien- und Rentenmärkte bereits vor 1978 existierten. Jedoch lagen keine Daten über die MC dieser vor, welche in die Grafik hätten eingebaut werden können. Das Niveau der Kapitalmärkte lag vor deren Auftauchen in Abbildung 6 jedoch wesentlich niedriger als zu Beginn der 80er Jahre. So stellte im Jahr 1980 bspw. für den Aktienmarkt eine MC i.H.v. 8 Mrd US $ (29,03 %

---

[67] Vgl. Bolsa de Comercio de Santiago, Internetdownload (g), S. 8.
[68] Angemerkt sei an dieser Stelle, dass sich die Zusammensetzung des DAX Indexes primär nach der Höhe der Marktkapitalisierung und der Umsatzvolumen der Unternehmen richtet.
[69] Vgl. Website der Bolsa de Comercio, Internetportal (1), (2) und (3).
[70] Vgl. Abschnitt 3.3 oder 4.3 dieser Arbeit.

zum BSP) einen bisher nie gesehenen Höchststand dar (Gallego/Loayza 2000: 14). Durch deren plötzliche Berücksichtigung im Datensatz sinkt natürlich der Anteil der anderen Akteure in der Grafik, obwohl bspw. die Aktiva der Geschäftsbanken seit dem Jahre 1974 bis 1982 kontinuierlich und überproportional zum BSP anwuchsen.[71] Abbildung 6 zeigt nun also die prozentualen Anteile der einzelnen Akteure an der gesamten Größe des Finanzsektors in den entsprechenden Jahren. In den Anhängen IV-VIII dieser Arbeit sind die einzelnen Entwicklungen der Akteure des chilenischen Finanzsystems getrennt dargestellt sowie die zugrunde liegenden Datentabellen abgetragen.

Abbildung 6: Absolute Größe der Akteure des Finanzsektors (1970-1997)

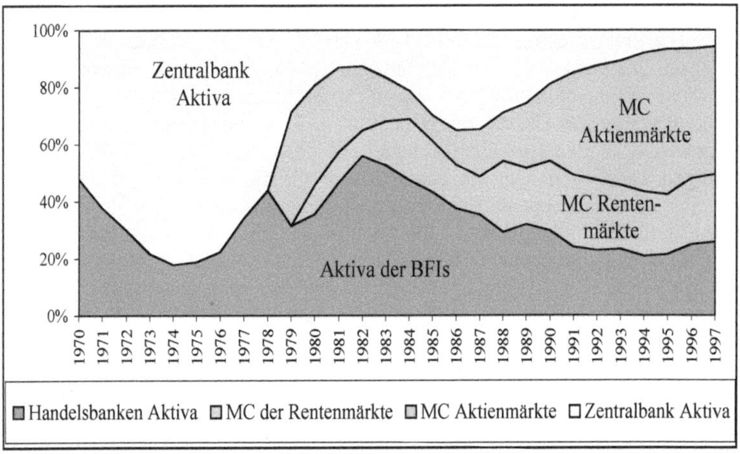

Quellen: Eigene Berechnung und Darstellung auf Basis der Datenbank zur Studie von Beck, Demirgüç-Kunt, Levine (1999), der „Global Development Finance 2002" Datenbank der Weltbank, Daten der BCS, Internetportal (a) sowie Daten von Seda, S. (2001), S. 503

Betrachtet man die Entwicklung der Kennzahlen der genannten Akteure, so lässt sich der betrachtete Horizont grob in vier verschiedene Entwicklungsphasen aufteilen:

- Zwischen den Jahren 1970 und 1975 kam es zu einer massiven Ausweitung des Anteils der Aktiva der Zentralbank, welche von 9,38 Prozent auf 31,20 Prozent in Relation zum BSP stiegen und eine Ausweitung der staatlichen Aktivität im Finanzsystem andeuten.[72] Begleitet wurde dieser Anstieg von

[71] Vgl. Anhang V dieser Arbeit zur Entwicklung der Aktiva der Geschäftsbanken.

[72] Zur Entwicklung der Zentralbank Aktiva siehe Anhang IV dieser Arbeit.

einem fallenden Anteil der Geschäftsbanken am Finanzsektor, deren Aktiva in Relation zum BSP von 8,6 Prozent (1970) auf 5,1 Prozent (1974) zurück gingen. Entsprechend der obigen Ausführungen spielten die Kapitalmärkte eine sehr geringe Rolle.

- Mit der Unabhängigkeit der Zentralbank im Jahr 1975 erfolgte eine Umkehrung dieses Trends, der bis in die Jahre 1981-82 anhielt. In diesem Zeitraum wuchsen die Zentralbank Aktiva zwar absolut gesehen, jedoch blieben die Wachstumsraten weit hinter denen des BSPs und der anderen Akteure zurück.[73] Dagegen erfuhren die Aktiva der BFI nach dem absoluten Allzeittief im Jahr 1975 (522 Mio US $) eine sieben Jahre andauernde Periode des überproportionalen Wachstums sowohl in Relation zum BSP als auch im Vergleich zu den anderen Akteuren. Im Jahr 1982 machten sie mit 14,2 Mrd US $ (58,28% in Relation zu BSP) das 27fache des Wertes von 1975 aus, was sich in obiger Abbildung in einer starken Zunahme des Anteils der BFI darstellt.[74] Wie bereits angedeutet, erfuhren die Marktkapitalisierungen der Kapitalmärkte in selbigem Zeitraum ebenfalls ein starkes Wachstum, auch wenn deren Größe im Jahr 1982 (8,4 Mrd US $ bzw. 25,68% in Relation zum BSP) noch immer bei etwa der Hälfte der BFI lag.
- Die Bankenkrise in den Jahren 1982-84 stellte den Ausgangspunkt zu einer unterschiedlichen Entwicklung der einzelnen Akteure über die folgenden Dekaden dar. Dabei wirkte sie sich zunächst insbesondere auf die MC der Aktienmärkte, welche auf Krisen immer sensibel reagieren, sowie auf die Größe der BFI negativ aus, wohingegen die Zentralbank und die Rentenmärkte Anteile dazu gewannen.
- Die Zentralbankaktiva wuchsen bis in das Jahr 1987 (8,9 Mrd US $ bzw. 50% in Relation zum BSP) sowohl absolut als auch in Relation zum BSP überproportional an, bevor sie bis zum Ende des Betrachtungshorizontes in Relation zum BSP immer weiter an Bedeutung verloren.[75] Die Marktkapitalisierung der Aktienmärkte erfuhr bereits ab dem Jahr 1985 eine neue Wachstumsphase, die sich insbesondere ab dem Jahr 1989 intensivierte. Sie erreichte im Jahr 1995 ein Allzeithoch von 73 Mrd US $ (112% in Relation zum BSP), was sich in obiger Darstellung als größten Bedeutungszuwachs eines Akteurs seit Anfang der 80er Jahre darstellt, bevor sie jedoch bis zum Jahre 1997 im Zuge der Asienkrise wieder leicht zurückging.[76] Die MC der Rentenmärkte stieg gemäßigter über den betrachteten Zeitraum und erreichte im Jahr 1997 eine MC von 38,4 Mrd US $ (51,04% zum BSP). Dagegen erfuhren die BFI eine bis zum Jahr 1991 andauernde Phase des zum BSP unterproportionalen Wachstums bzw. der Konsolidierung, und erst ab dem

[73] Zur Entwicklung der Zentralbank Aktiva siehe Anhang IV dieser Arbeit.
[74] Zur Entwicklung der Geschäftsbanken Aktiva siehe Anhang V dieser Arbeit.
[75] Siehe obige Abbildung und Anhang IV dieser Arbeit.
[76] Zur Entwicklung der MC der Aktienmärkte siehe Anhang VII dieser Arbeit.

Jahr 1995 gewannen die BFI, verglichen mit den anderen Akteuren, wieder an Größe (siehe Abbildung 6). Im Jahre 1997 lag der Indikator bei 55,09 Prozent, was im Vergleich zum Ausgangsjahr 1970 (8,58%) mehr als eine Versechsfachung darstellt. Verglichen mit den anderen Akteuren haben sie jedoch seit 1982 (fast) kontinuierlich an Größe verloren.[77]

Spielten die Zentralbank und die BFI zu Beginn der 70er Jahre gegenüber den Kapitalmärkten eine dominierende Rolle, so hat sich scheinbar über die letzten drei Dekaden ein fundamentaler Bedeutungswechsel hinsichtlich der Größe der einzelnen Akteure vollzogen, wobei heute die Kapitalmärkte, und dabei insbesondere die Wertpapiermärkte, die größte Komponente des chilenischen Finanzsektors darstellen (siehe Abbildung 6). Entsprechend war im Jahr 1997 die MC der Aktienmärkte bedeutend höher als die Aktiva der BFI (95,41% vs. 55% in Relation zum BSP). Im Vergleich zu den im allgemeinen Teil untersuchten Ländern ähnelt Chile dabei eher den Werten der USA (122% vs. 31,70% in Relation zum BSP), wobei sich Japan (63,45% vs. 42,99% in Relation zum BSP) und insbesondere Deutschland (35,72 % vs. 95,69%) durch andere Relationen dieser Kennzahlen auszeichnen.[78]

Die Aktiva der BFI lagen entsprechend dem Annual Review 2002 der SBIF zum Ende des Jahres 2002 bei 65,781 Mrd US $. Dabei gilt es jedoch zu beachten, dass der absolute Wert direkt aus der Aggregation der Aktiva über die einzelnen Bankbilanzen entstammt, wodurch es zu einer doppelten Zählung der Mittel kommt, die an andere BFI vergeben wurden. Dadurch fiel der ausgewiesene Wert im Vergleich zu der oben betrachteten Datenreihe zu hoch aus.[79] Um jedoch trotzdem einen Anhaltspunkt über die Entwicklung bis zum heutigen Status Quo zu bekommen, wurden die Wachstumsraten der von der SBIF in ihren Annual Reports veröffentlichten Aktiva berechnet. Mit diesen Wachstumsraten wurden, wie im Anhang geschehen, die Werte der im Jahr 1997 endenden Datenbank der Studie Beck, Demirgüç-Kunt, Levine (1999) bis zum 31.12.2002 nachgezeichnet.[80]
Entsprechend dieser Berechnung lagen die Aktiva der BFI im Jahr 2002 bei 43,3 Mrd US $ (68% in Relation zum BSP) verglichen mit einer Marktkapitalisierung der Aktienmärkte von 49,9 Mrd US $ (75,26% in Relation zum BSP), was die oben nachgezeichnete Entwicklung der aktuellen, größenmäßig absoluten Dominanz der Wertpapiermärkte etwas abschwächt.
Als Letztes soll auf das enorme Wachstum des chilenischen Finanzsektors

[77] Zur Entwicklung der Geschäftsbanken Aktiva siehe Anhang V dieser Arbeit.
[78] Die Daten entstammen ebenfalls aus der zur Studie Beck, T. / Demirgüç-Kunt, A. / Levine, R. (1999) gehörenden Datenbank.
[79] Siehe zu der gleichen Problematik Beck, T. / Demirgüç-Kunt, A. / Levine, R. (1999), S. 15.
[80] Siehe dazu auch Anhang V dieser Arbeit.

insgesamt ab dem Jahr 1970 hingewiesen werden, da dieses in der obigen Darstellung nicht zum Ausdruck kam.[81] Lag die Größe des Finanzsektors (BFI plus Zentralbank Assets) im Jahr 1970 bei 1,6 Mrd US $, so belief sich dessen Größe im Jahr 1997 auf 172,8 Mrd US $.[82] Entsprechend kann bis zu Anfang der 70er Jahre der gegenüber den Kapitalmärkten dominierende Bankensektor bzw. das gesamte Finanzsystem aufgrund der mangelnden Größe als unterentwickelt charakterisiert werden (Hügle 2003: 132). Der Bankensektor erreichte bezüglich der Größe und im Vergleich zum Weltdurchschnitt erst zu Beginn der 80er Jahre ein entwickeltes Niveau (Gallego/Loayza 2003: 11). Als Startpunkt sind dabei die Jahre 1975/76 zu nennen, von denen ab die Aktiva der Handelsbanken in Relation zum BSP mit überproportionalen Wachstumsraten anstiegen.[83] Dem gegenüber erreichten die Kapitalmärkte erst zu Beginn der 90er Jahre eine angemessene Größe im Vergleich zum Weltdurchschnitt.[84] Das Wachstum insbesondere der Aktienmärkte war dabei über die letzte Dekade so stark, dass allein deren Marktkapitalisierung die Aktiva der BFI weit überstieg.
Im folgenden Kapitel 4 soll nun ausführlich auf weitere Charakteristika der einzelnen Akteure eingegangen werden, um auf deren Bedeutung bei der Unternehmensfinanzierung zu schließen.

[81] Obige Darstellungsform wurde jedoch bewusst gewählt, da sich die Größe der einzelnen Akteure besser vergleichen lässt.
[82] Im Jahr 1980 belief sich die Größe des Finanzsektors (BFI, NBFI Aktien- und Rentenmärkte) vergleichsweise auf 23,5 Mrd. US $.
[83] Die durchschnittliche Wachstumsrate der gesamten Banken Aktiva zwischen 1976 und 1981 betrug 75,67%, wohingegen die des BSP über den gleichen Zeitraum hinweg lediglich 27,06% betrug.
[84] Der Weltdurchschnitt lag in den unterschiedlichen Dekaden bei 18,5 % (70er Jahre), 28,4% (80er Jahre) und 38,2% (90er Jahre) – vgl. Gallego, F. / Loayza, N. (2003), S. 14.

4 Charakteristika der Akteure des Finanzsektors Chiles

Nach dem ersten Überblick über den chilenischen Finanzsektor sowie der vergleichenden Betrachtung der absoluten Größe der einzelnen Akteure soll nun eine umfassende Charakterisierung derselben erfolgen. Dabei wird in jedem der folgenden Abschnitte versucht, die Entwicklung der betrachteten Eigenschaften im Zeitablauf darzustellen sowie die Bedeutung der einzelnen Akteure für die Unternehmensfinanzierung genauer zu erörtern. Dadurch sollen verschiedene Anhaltspunkte dafür gefunden werden, ob das chilenische Finanzsystem als marktorientiert bzw. bankenorientiert charakterisiert werden kann. Die Akteure werden, entsprechend der bereits festgestellten heutigen Größenverhältnisse, in der Reihenfolge Kapitalmärkte, Bankfinanzintermediäre und Nichtbankfinanzintermediäre analysiert. Zum besseren Verständnis wird dabei schon im Laufe dieses Kapitels vereinzelt auf Hintergründe eingegangen, welche die aufgezeigte Entwicklung auslösten.
Wie bereits erwähnt, kann das Jahr 1973 als die Geburtsstunde des modernen chilenischen Finanzsystems bezeichnet werden, weshalb auch bei der Charakterisierung der einzelnen Akteure und deren Entwicklung der Fokus der Betrachtung auf dem Zeitraum von 1970 bis zum heutigen Status Quo liegt - sofern dies das recherchierte Datenmaterial zulässt. Als mehrfach angeführte Datengrundlage dient dabei insbesondere die zu der Studie von Beck, Demirgüç-Kunt und Levine (1999) gehörende Datenbank.
Den Abschluss dieses Kapitels bildet wiederum eine vergleichende Analyse bzw. eine Zusammenfassung der unterschiedlichen Entwicklungen der Akteure des Finanzsystems sowie deren Auswirkungen auf die Unternehmensfinanzierung.

4.1 Die Kapitalmärkte und deren Entwicklung

4.1.1 Charakteristika des Wertpapiermarktes

Hinsichtlich der Charakteristika der Wertpapiermärkte stehen in den folgenden Abschnitten die Anteile des öffentlichen Sektors an der MC, die Emissionstätigkeit, die Umsätze sowie die Effizienz dieser im Zentrum des Interesses.

4.1.1.1 Anteile des öffentlichen Sektors an der MC

Bei der Betrachtung der Marktkapitalisierung der Aktienmärkte wurde im vorangegangenen Kapitel keine weitere Unterscheidung dahingehend getroffen, ob es sich bei den gelisteten Unternehmen um staatliche oder private Firmen handelte. Da die Bedeutung der Aktienmärkte jedoch insbesondere für die private Unternehmensfinanzierung interessiert, soll zunächst geklärt werden, wie hoch der Anteil der staatlichen Unternehmen an der MC ist.[85] Entsprechend des von der *Superintendancia de Valores y Seguros* veröffentlichten Datenmaterials, lag der Anteil der privaten Unternehmen an der MC zu Beginn der 80er Jahre bei 86,55 Prozent.[86] Im Zuge der Banken- und Wirtschaftskrise in den Jahren 1983-85 sank deren Anteil jedoch auf 50 Prozent, was einerseits auf Preiseffekte zurückzuführen ist, da die privaten Papiere im Zuge der wirtschaftlichen Verunsicherung deutlich mehr Kursverluste verzeichneten als die der staatlichen Unternehmen, die den chilenischen Staat als Garantiegeber im Hintergrund hatten. Andererseits kam es in den Zeiten der Wirtschaftskrise tatsächlich zur Intervention bzw. zum Aufkauf vieler finanziell stark angeschlagener Unternehmen durch den Staat (Hachette/Lüders 1992: 18f). Ab dem Jahre 1987 begann schließlich ein gegenläufiger Trend, der durch die Privatisierung bzw. Reprivatisierung staatlicher Unternehmen ausgelöst wurde (Hachette/Lüders 1992: 19). Der Anteil der privaten Unternehmen an der MC zum Ende der 90er Jahre lag schließlich bei 97,6 Prozent.

Versucht man, sich trotz fehlender Daten eine Vorstellung vom Verlauf der 70er Jahre zu machen, war die Anzahl der staatlichen Unternehmen im Jahr 1970 (68) durchaus mit der zu Beginn der 80er Jahre vergleichbar, wobei an dieser Stelle ein ähnlicher Anteil der privaten Unternehmen an der MC angenommen werden soll (Hachette/Lüders 1992: 16ff). Während der Regierungszeit Salvador Allendes (1970-73) wurden die meisten bedeutenden Industrieunternehmen sowie fast alle Banken und Versicherungsunternehmen verstaatlicht (Agosin/ Pastén 2003: 2). Die Zahl der staatlichen Unternehmen stieg bis zum Ende seiner Amtszeit auf 596 an, was einen staatlichen Anteil an der MC von annähernd 100 Prozent erwarten lässt. Im Zuge der ersten Privatisierungswelle (1974-1979) unter der am 11. September 1973 beginnenden Militärdiktatur Augusto Pinochets wurden diese bereits wieder reprivatisiert.

Dementsprechend lässt sich also festhalten, dass der staatliche Anteil an der MC des Aktienmarktes zwar starken Schwankungen unterlag, die Mehrheit sich jedoch ab Mitte bzw. Ende der 80er Jahre in privatem Besitz befand.

4.1.1.2 Emissionstätigkeit am Aktienmarkt

Neben der bereits festgestellten sehr hohen Marktkapitalisierung des chilenischen Wertpapiermarktes gilt es nun insbesondere zu klären, ob der festgestellte Anstieg lediglich auf Preiseffekten beruhte oder aber durch einen Zuwachs an chilenischen Unternehmen zustande kam, die sich über den Aktienmarkt finanzierten. Daher soll in der folgenden Abbildung 7 die Emissionstätigkeit der chilenischen Firmen auf dem Aktienmarkt betrachtet werden. Entsprechend der folgenden Abbildung lässt sich vor dem Jahr 1973 fast keine

---

[85] Als Kriterium für die Charakterisierung eines Unternehmens als privat oder staatlich dient der Besitz der Aktienmehrheit.

[86] Vgl. Seda, Salvador (2001), S. 503.

Emissionstätigkeit der chilenischen Unternehmen auf dem Aktienmarkt feststellen, weshalb diese auch keine Rolle für die Unternehmensfinanzierung spielten.

Abbildung 7: Emissionstätigkeit an den Wertpapiermärkten von 1960-1996

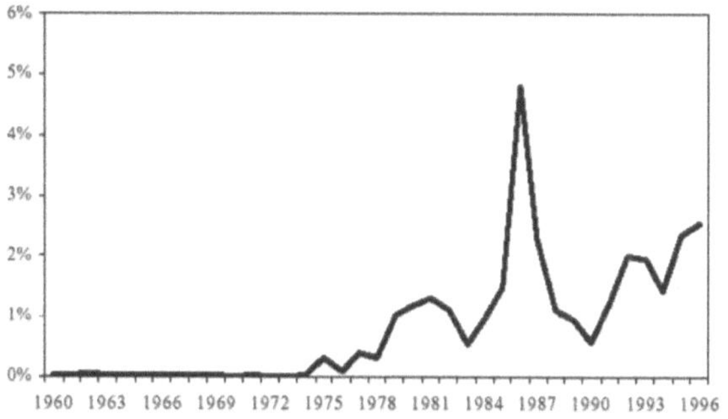

Quelle: Gallego, F. / Loayza, N. (2003), S. 15

Den ersten marginalen Ausschlag zeigt die Kurve ab dem Jahr 74, wobei deren Niveau bis zum Beginn der 80er Jahre auf knapp über 1 Prozent in Relation zum BSP anstieg (siehe Abbildung 7). Die größte Bewegung zeigt der obige Graph im Jahre 1987, in dem das Emissionsvolumen auf den Aktienmärkten auf 4,48 Prozent in Relation zum BSP anstieg.[87] Vergleicht man das Emissionsvolumen Chiles, das zwischen den Jahren 1984 und 1995 bei 1,49 Prozent lag, mit den entsprechenden Durchschnittswerten Deutschlands (0,67%), Japans sowie dem der USA (beide 1,06%), so erscheint dieses in dem betrachteten Zeitfenster als erstaunlich hoch.[88] Wichtig ist es daher, in diesem Zusammenhang anzumerken, dass sowohl der Anstieg 1974-79 als auch der zwischen 1985-90 von zwei Privatisierungswellen unter der Militärregierung Pinochets begleitet wurden (Hachette/Lüders 1992: 18f).

Lag das gesamte Emissionsvolumen auf den Aktienmärkten nach der Datenbank der Studie von Beck, Demirgüç-Kunt und Levine (1999) im Zeitraum 1985 bis 1989 bei 2,29 Mrd US $, so stellten die staatlichen Erlöse aus den vollzogenen Privatisierungen, die in dieser zweiten Privatisierungswelle fast ausschließlich über die Aktienmärkte abgewickelt wurden, mit 1,12 Mrd US $ annähernd die Hälfte des gesamten Emissionsvolumens dar (Hachette/Lüders 1992: 106f). Entsprechend leisteten Aktienmärkte insbesondere im Laufe der 80er und 90er Jahre einen nicht zu verachtenden Beitrag zur Unternehmensfinanzierung,

[87] Siehe zum Emissionsvolumen auf den Aktienmärkten auch Anhang IX dieser Arbeit.
[88] Vgl. Anhang IX dieser Arbeit.

jedoch war dieser niedriger, als dies zunächst erschien. Festzuhalten bleibt, dass die Marktkapitalisierung zwischen den Jahren 1984 und 1995 um 70,5 Mrd US $ angewachsen ist, wohingegen das aggregierte Emissionsvolumen für selbigen Zeitraum bei lediglich 5,5 Mrd US $ lag.[89] Die Auswirkungen des tatsächlich gestiegenen Emissionsvolumens chilenischer Firmen auf den Anstieg der MC des Aktienmarktes waren also gegenüber den enormen Kursgewinnen der an den Sekundärmärkten notierten Aktien eher unbedeutend.

Auch die Betrachtung der Anzahl der am Aktienmarkt gelisteten Unternehmen bzw. deren durchschnittliche MC lässt ein ähnliches Bild erkennen. Ausgehend von 205 gelisteten Unternehmen im Jahre 1988, stieg deren Anzahl auf 246 Emittenten im Jahr 2002.[90] Die durchschnittliche MC, welche im Jahr 1988 bei 29 Mio US $ je Unternehmen lag, erreichte mit 259 Mio US $ im Jahr 1995 ihren Höchstwert und lag im Jahr 2002 mit 202 Mio US $ bei etwa dem Siebenfachen des Ausgangswertes, was ebenfalls ein Indikator dafür ist, dass hauptsächlich Preiseffekte für das enorme Wachstum der MC ausschlaggebend waren.[91] Auch wenn also im Falle Chiles der Anstieg der MC der Aktienmärkte nicht mit einem ebensolchen Bedeutungszuwachs bei der Unternehmensfinanzierung einhergeht, so sei doch darauf hingewiesen, dass eine hohe Börsenkapitalisierung durchaus einen Anreiz für Unternehmen darstellt, Aktien an dieser zu platzieren.

Nicht berücksichtigt in der obigen Abbildung wurden Emissionen chilenischer Aktien an ausländischen Börsen, was den Unternehmen seit Anfang der 90er Jahre möglich ist. Von dieser Möglichkeit machten bis zum Ende des Jahres 2001 bereits 25 der an der *Bolsa de Comercio de Santiago* gelisteten 249 Unternehmen Gebrauch, was wiederum für die Bedeutung der Emission von Eigenkapital bei der Unternehmensfinanzierung spricht (Frémond/Capaul 2003: 1).

4.1.1.3 Umsätze auf den Aktienmärkten

Um uns ein Bild von der Aktivität auf den Aktienmärkten zu machen, soll zunächst das Umsatzvolumen dieser betrachtet werden. Die Aktivität der Aktienmärkte lässt analog zu den Überlegungen von Beck, Demirgüç-Kunt und Levine (1999) Rückschlüsse auf den Entwicklungsstand der Aktienbörsen zu. Hierzu zeigt die Abbildung 8 die Entwicklung des inländischen Umsatzvolumens ab dem Jahr 1976 sowohl in Relation zum BSP als auch in absoluten Werten.[92]

[89] Siehe Anhänge VII und IX dieser Arbeit.

[90] Vgl. BCS, Internetportal (a), S. 4.

[91] Dabei trug die Investitionstätigkeit der AFPs in Chile maßgeblich zu den festgestellten Preiseffekten bei – vgl. Hernández, L. / Schmidt-Hebbel, K. (2001), S. 11.

[92] In Anhang X dieser Arbeit ist wiederum die Datentabelle der obigen Abbildung abgetragen.

Abbildung 8: Umsatz auf dem chilenischen Aktienmarkt von 1976-2002

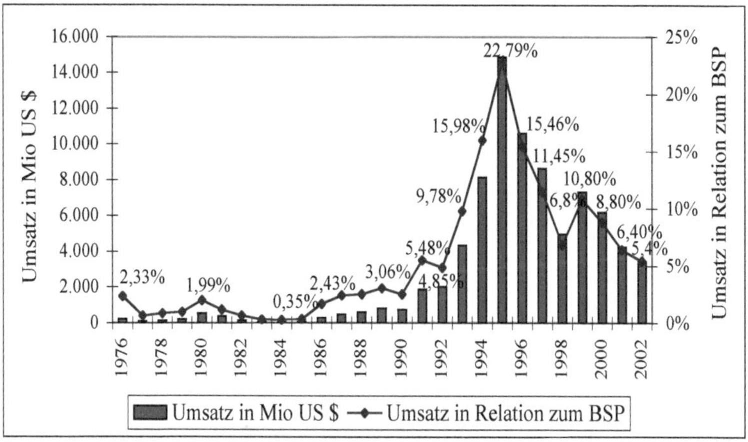

Quellen: Eigene Berechnung und Darstellung auf der Basis der Datenbank zur Studie von Beck, Demirgüç-Kunt, Levine (1999), der „Global Development Finance 2002“ Datenbank der Weltbank sowie der Daten der BCS Internetportal, Download (a), S. 3

Die Abbildung 8 zeigt ein bis zum Beginn der 90er Jahre marginales Umsatzvolumen der chilenischen Aktienmärkte. Ausgehend von einem quasi nicht existenten Umsatzvolumen im Jahre 1985 stieg dieses jedoch über eine Dekade hinweg und erreichte im Jahr 1995 mit 22,79 Prozent in Relation zum BSP einen absoluten Höchststand. Der stärkste Anstieg ist dabei zu Beginn der 90er Jahre zu beobachten, in denen zunehmend Kapitalkontrollen abgebaut wurden und somit ausländisches Kapital an den chilenischen Kapitalmarkt floss. Trotz dieses enormen Umsatzwachstums in den 90er Jahren sind die Aktienmärkte jedoch im Vergleich zu dem Weltdurchschnitt in den 70er, 80er und auch 90er Jahren als „unterentwickelt“ bzw. illiquide einzustufen (Hügle 2001: 136).

Die Tatsache der auch noch in den 90er Jahren vorhandenen Illiquidität verstärkt sich noch, wenn man die Verteilung der Umsätze auf die einzelnen gelisteten Unternehmen betrachtet.

Lag das Umsatzvolumen im Jahr 2002 mit 3,44 Mrd US $ an sich schon weit von seinem Höchststand des Jahres 1995 (14,86 Mrd US $) entfernt, so entfielen auf die 10 meistgehandelten Aktien ganze 62,04 Prozent des gesamten Umsatzes.[93] Dabei stellt dieser Anteilswert im Jahr 2002 keine Ausnahmeerscheinung dar. Über die Periode 1993-2002, die an sich die erste Dekade mit höheren Umsätzen darstellte, lag der durchschnittliche Anteil dieser „10 most

[93] Vgl. Anhang XI dieser Arbeit.

traded companies“ bei 62 Prozent des gesamten Umsatzes.[94] Das folgende Diagramm zeigt die zehn meistgehandelten Unternehmen sowie deren Anteile am gesamten Umsatzvolumen im Jahr 2002.

Abbildung 9: Umsatzanteil der „10 most traded companies“ im Jahr 2002

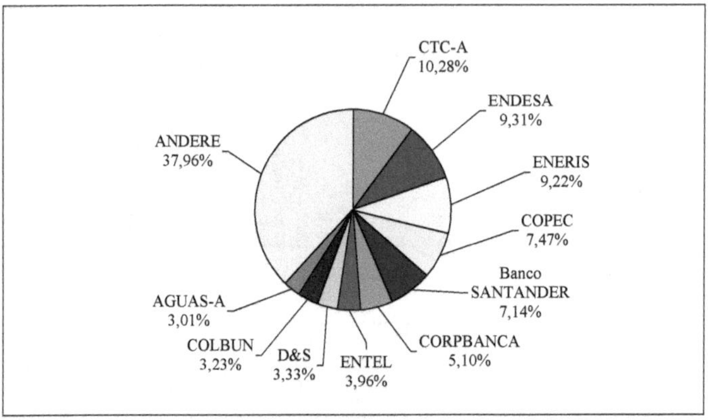

Quelle: Eigene Darstellung auf Basis der Daten der BCS Internetportal, Download (a), S. 5

Diese enorm hohen Anteilswerte der zehn meistgehandelten Unternehmen am Umsatzvolumen verschärfen die festgestellte schwache Liquidität des chilenischen Aktienmarktes. Für die große Mehrzahl der Unternehmen kann der chilenische Aktienmarkt also entsprechend als stark illiquide charakterisiert werden, da ihre Papiere nur wenig oder gar nicht gehandelt werden. Als einen der Hauptgründe dafür kann insbesondere die große Zahl institutioneller Akteure (wie bspw. die AFPs) angesehen werden, die in Chile einen Großteil der Aktien besitzen und ihre Positionen in der Regel über einen längeren Zeithorizont halten. Die bedeutendste Ursache ist jedoch wahrscheinlich die extrem hohe Eigentümerkonzentration in der chilenischen Unternehmenslandschaft, in der die Investoren weniger nach puren Renditeinteressen als nach Einflussmöglichkeiten auf die Unternehmen streben (siehe Abschnitt 5.1.2).
Den chilenischen Firmen ist es seit den 90er Jahren von rechtlicher Seite her erlaubt, an ausländischen Börsen Aktien zu emittieren. Als Ausweg aus dem festgestellten Liquiditätsdilemma machen davon auch insbesondere große Unternehmen mit guten Kreditratings, die als Voraussetzung für eine Emission im Ausland gelten, zunehmend Gebrauch (Gallego/Loayza 2003: 17). Zum Ende des Jahres 2001 emittierten 25 Unternehmen Aktien an ausländischen Börsen. Das Umsatzvolumen dieser 25 im Ausland gehandelten Wertpapiere lag in dem

[94] Vgl. Anhang XI dieser Arbeit.

angesprochenem Jahr auf vergleichbarem Niveau wie das aller in Chile gehandelten Unternehmen (Frémond/Capaul 2003: 1). Berücksichtigt man also das Handelsvolumen chilenischer Aktien im In- und Ausland, so liegt dieses entsprechend doppelt so hoch als in Abbildung 8 dargestellt (Gallego/Loayza 2003: 17). Dies ändert jedoch nichts an der Tatsache, dass der chilenische Aktienmarkt in hohem Maße illiquide ist.

4.1.1.4 Effizienz der Wertpapiermärkte

Die Umschlagskennziffer stellt das Verhältnis des Umsatzvolumens und der Marktkapitalisierung dar. Diese Kennzahl lässt sich auch als Proxy für die Transaktionskosten am Markt auffassen und spiegelt die Effizienz der Aktienmärkte wider, indem es die Aktivität und die Liquidität dieser in Relation zu ihrer Größe misst (Beck/Demirgüç-Kunt/Levine 1999: 17).
Entsprechend dem betrachteten niedrigen Niveau des Umsatzvolumens und der aufgrund von Preiseffekten enorm hohen MC der Aktienmärkte ist es kaum erstaunlich, dass sich die Umschlagskennziffer im internationalen Vergleich ebenfalls auf sehr niedrigem Niveau befindet. Wie aus der folgenden Abbildung 10 hervor geht, wurde der bereits festgestellte Anstieg der MC zum Ende der 70er bzw. Anfang der 80er Jahre von keinerlei Effizienzsteigerung an den Aktienmärkten begleitet (siehe Abbildung 10). Erst Ende der 80er und insbesondere im Verlauf der 90er Jahre ist eine solche für die chilenischen Aktienmärkte festzustellen.

Abbildung 10: Umschlagskennziffer der Aktienmärkte von 1960-1997

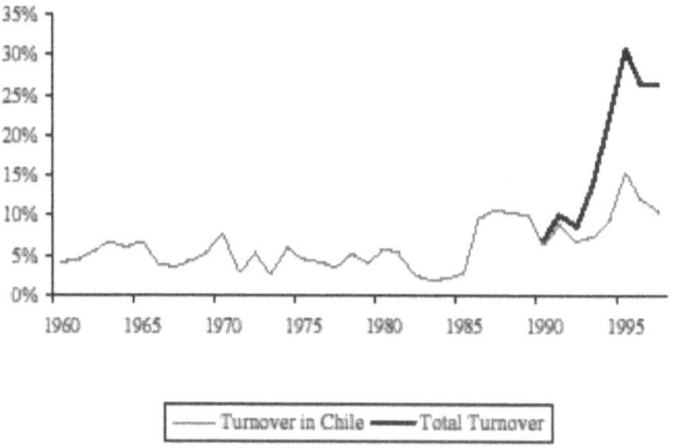

Quelle: Gallego, F., Loayza N. (2003), S. 18

Zu dieser Effizienzsteigerung an den Aktienmärkten zum Ende der 80er bzw. Anfang der 90er Jahre trug insbesondere die Erlaubnis zur Emission von Aktien an ausländischen Handelsplätzen ab dem Jahr 1992 bei (Gallego/Loayza 2003: 18). Trotz dieses Anstiegs blieben die chilenischen Aktienmärkte auch in diesem

Punkt hinter dem Weltdurchschnitt zurück (Gallego/Loayza 2003: 18). Im direkten Vergleich mit den USA (90,3) oder Deutschland (124,7) sind die Aktienmärkte in Chile (10,3) trotz der festgestellten Effizienzsteigerungen selbst im Jahr 1997 nicht annähernd zu vergleichen.[95] In Folge der niedrigen Ausprägung des Indikators ist der chilenische Aktienmarkt zwar als groß im Sinne der MC, aber hochgradig illiquide zu bezeichnen (Beck, Demirgüç-Kunt, Levine 1999: 17).
Als weiteren Indikator der Effizienz betrachten Gallego und Loayza (2003) den Bruttogewinn der Aktienhändler in Relation zu den gehandelten Assets als Annäherung an die Transaktionskosten. Lag diese Kennzahl im Jahr 1987 noch bei knapp unter 5 Prozent, so fiel diese eine Dekade später auf knapp unter 2 Prozent und spiegelt eine Steigerung an Effizienz der Aktienmärkte wider (Gallego/Loayza 2003: 18).

4.1.2 Charakteristika des Rentenmarktes

Ähnlich wie für die Aktienmärkte geschehen, erfolgt nun eine Charakterisierung der Rentenmärkte, wobei Größe und Zusammensetzung des der privaten Wirtschaft zurechenbaren Anteils sowie die Emissionstätigkeit auf diesem untersucht wird.

4.1.2.1 Größe und Zusammensetzung des privaten Rentenmarktes

In Kapitel 3.5 dieser Arbeit wurde bereits die Entwicklung der MC der gesamten Rentenmärkte nachgezeichnet. Chile fällt dabei durch die relative Größe seiner Rentenmärkte im Vergleich mit Argentinien und Brasilien auf (Hügle 2001: 140). Im Hinblick auf dessen Bedeutung für die Unternehmensfinanzierung soll nun lediglich auf die Größe und Zusammensetzung des den privaten Sektor betreffenden Anteils eingegangen werden.[96] Dabei fällt dessen untergeordnete Rolle gegenüber der Größe des den öffentlichen Sektor betreffenden Rentenmarktes auf. Für den betrachteten Zeitraum von 1980-1998 lag der den privaten Sektor betreffende Anteil an der MC bei lediglich 31,98 Prozent im Durchschnitt.[97] Bezüglich der Zusammensetzung des öffentlichen Anteils sei lediglich auf den hohen Anteil der Zentralbankanleihen hingewiesen, der über den betrachteten Zeitraum 77,32 Prozent ausmachte.[98] Die folgende Abbildung 11 gibt nun einen Überblick über die Zusammensetzung des privaten Anteils des Rentenmarktes. Wie die folgende Abbildung erkennen lässt, stellen die Hypothekenpfandbriefe, gefolgt von den Unternehmensanleihen den größten Anteil an der MC des privaten Rentenmarktes dar, wohingegen *Endorsable Mortage Loans, Financial Sector Bonds* sowie *Commercial Paper* eine weit

[95] Die Werte entstammen der zur Studie Beck et al. (1999) gehörenden Datenbank.
[96] Siehe Anhang VIII dieser Arbeit für die Entwicklung der gesamten MC des Rentenmarktes.
[97] Berechnungen auf Basis der Daten von Seda, S. (2001), S. 503.
[98] Berechnungen auf Basis der Daten von Seda, S. (2001), S. 503.

geringere Rolle spielen.[99] Bis zum Jahr 1987 verhält sich der Verlauf des Rentenmarktes umgekehrt zum bereits betrachteten Verlauf der MC der Aktienmärkte. Dabei kam es zu einem Anstieg während der Jahre der Bankenkrise und zu einem langsamen Abfallen der MC bis zu deren Ende. Ausgehend von knapp 4,89 Prozent in Relation zum BSP im Jahr 1987 wuchs die MC der privaten Rentenmärkte seitdem fast kontinuierlich bis auf 15,4 Prozent in Relation zum BSP im Jahr 1998 an. Damit war ihr Wachstum stetiger, aber nicht so ausgeprägt wie das der Aktienmärkte.

Abbildung 11: Zusammensetzung der MC des privaten Rentenmarktes

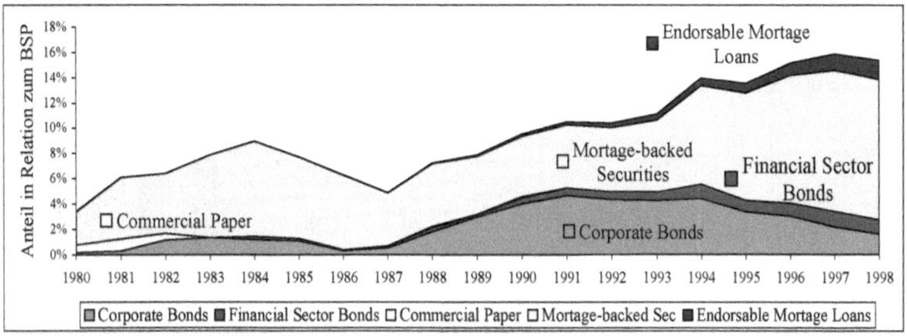

Quellen: Eigene Darstellung basierend auf Daten von Seda, S. (2001), S. 503 und der „World Development Finance 2002“ Datenbank der Weltbank

4.1.2.2 Emissionstätigkeit des privaten Sektors auf den Rentenmärkten

Ebenso wie bei der Betrachtung der Aktienmärkte soll nun das Emissionsvolumen privater Unternehmen auf den Rentenmärkten untersucht werden, um deren Bedeutung für die Unternehmensfinanzierung besser beleuchten zu können. Leider kann dabei aufgrund der vorliegenden Datengrundlage keine weitere Unterscheidung nach den unterschiedlichen Instrumenten vorgenommen werden.

In der folgenden Abbildung ist ein von 1984 bis 1993 durchweg gleich bleibendes Niveau der privaten Emissionstätigkeit festzustellen.[100] Entsprechend des verwendeten Datenmaterials lag in diesem Zeitraum das durchschnittliche Emissionsvolumen bei 1,82 Prozent in Relation zum BSP. Ab dem Jahr 1994 stieg dieses in Chile nachhaltig an, was insbesondere auf die Auswirkungen des im März verabschiedeten Gesetzes N° DL 19.301 zur Reformierung der Kapitalmärkte zurückzuführen ist.[101] Im internationalen Vergleich lag das

[99] Für die genauen Werte der einzelnen Instrumente in Relation zum BSP des jeweiligen Jahres siehe auch die in Anhang XII dieser Arbeit abgebildete Datentabelle.

[100] Für die Datentabelle zu Abbildung 12 siehe Anhang XIII dieser Arbeit.

[101] Für eine ausführliche Beschreibung des Inhalts dieses Gesetzes vgl. Kapitel 6 dieser Arbeit oder Seda, S. (2001), S. 502.

Emissionsvolumen privater verbriefter Verbindlichkeiten insbesondere ab den Jahren 1994 auf hohem Niveau, und selbst über den Zeitraum 1991-1995 belief es sich im Durchschnitt auf 3,16 Prozent des BSPs. Damit lag es sowohl deutlich über den entsprechenden Werten seiner Nachbarländer wie Argentinien (0,3%) und Brasilien (0,4 %) als auch über den anderen *Emerging Markets* mit der Ausnahme von Malaysia (3,8%) (Hügle 2001: 141).

Abbildung 12: Private Emissionstätigkeit an den Rentenmärkten von 1984-1995

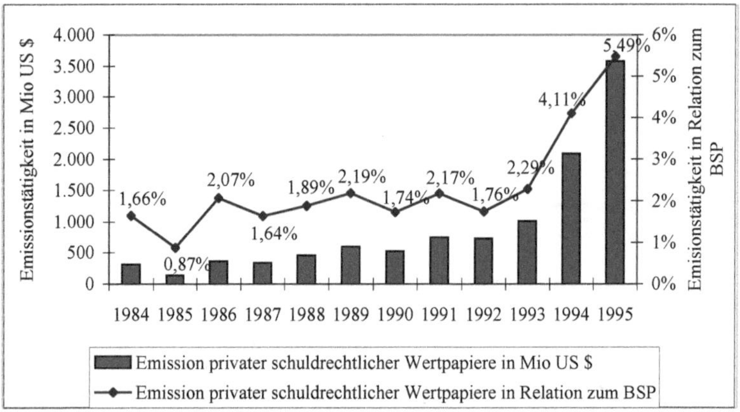

Quelle: Eigene Berechnung und Darstellung auf Basis der Datenbank zur Studie von Beck, Demirgüç-Kunt, Levine (1999) sowie der „Global Development Finance 2002" Datenbank der Weltbank

Die steigende Bedeutung der Rentenmärkte für die Unternehmensfinanzierung liefern auch aktuelle Daten des Emissionsvolumens. So machte allein das Emissionsvolumen von Unternehmensanleihen im Jahr 2001 6,9 Prozent in Relation zum BSP bzw. 4,6 Mrd US $ aus.[102]

4.2 Die Bankfinanzintermediäre und deren Entwicklung

4.2.1 Kreditvergabe durch Bankfinanzintermediäre

Da die Größe des Bankensektors allein kein ausreichender Indikator für dessen Bedeutung im Finanzsystem darstellt, ist es notwendig, einen aussagefähigeren Indikator für dessen Bedeutung bei der Unternehmensfinanzierung zu untersuchen, was im Folgenden geschehen soll. Dabei wird die Kreditvergabe der Geschäftsbanken an den nichtfinanziellen Privatsektor in Prozent des BSPs

[102] Vgl. Bolsa de Comercio de Santiago, Internetdownload (b), S. 2.

als Kennzahl betrachtet. Die folgende Abbildung 13 veranschaulicht die Ergebnisse der Datenreihe der Studie Beck, Demirgüç-Kunt und Levine (1999) für den Zeitraum 1970-1997.[103]

Abbildung 13: Aktivität des Bankensektors von 1970-1997

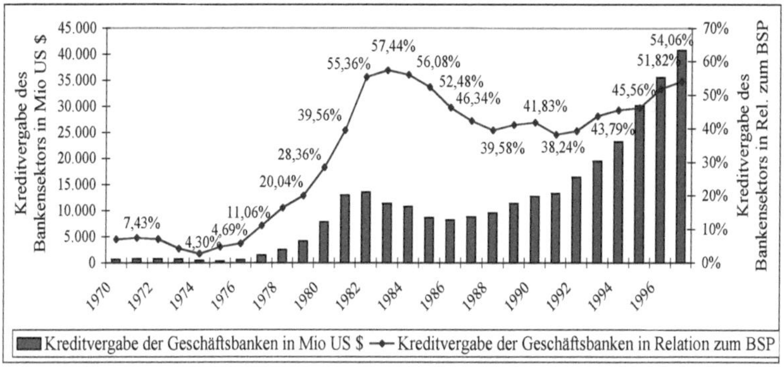

Quelle: Eigene Berechnung und Darstellung auf Basis der Datenbank zur Studie von Beck, Demirgüç-Kunt und Levine (1999) sowie der "Global Development Finance 2002" Datenbank der Weltbank

Bei der Betrachtung der Grafik lassen sich vier Entwicklungsphasen des abgebildeten Indikators festhalten, die den bei der Analyse der absoluten Größe des Bankensektors festgestellten Phasen sehr ähneln:

- Ausgehend von einem sehr niedrigen Niveau Anfang der 70er Jahre, bildete der Indikator für Bankenaktivität ab dem Jahre 1973 eine weitere Talsohle aus, die im Jahre 1974 den absoluten Tiefpunkt erreichte (2,74% in Relation zum BSP). Auch gemessen in absoluten Werten zeigte die Kreditvergabe mit 339 Mio US $ im Jahr 1975 einen absoluten Tiefstand, bevor sie im Jahre 1976 wieder annähernd die Werte des Jahres 1973 erreichte.
- Ab dem Jahr 1976 erfolgte ein regelrechter Kreditboom, der den Indikator für Bankenaktivität Chiles im Jahre 1979 die Entwicklungslinie durchbrechen ließ und im Jahr 1982 zu einem absolut gemessenen Höchststand bei der Kreditvergabe (13,475 Mrd) führte (Hügle 2001: 132).
- Im Jahr 1983 verhinderte, trotz des Rückgangs der vergebenen Kredite, das drastisch fallende BSP Chiles zunächst einen Rückgang des Indikators für Bankenaktivität, der im selben Jahr mit 57,4% in Relation zum BSP seinen bisherigen Höchststand zeigte. Nach diesem kam es jedoch zu einem fast

[103] In Anhang XIV dieser Arbeit wurde der Zeitraum 1961-1997 sowie die dazugehörige Datentabelle abgetragen.

durchweg fallenden Indikator bis ins Jahr 1991, in dem dieser nur noch knapp über dem Weltdurchschnitt lag (40% in Relation zum BSP).

- Die absolute Menge an vergebenen Mitteln erreichte ihren Tiefpunkt bereits im Jahr 1986 (8,212 Mrd US $) und erfuhr seitdem einen kontinuierlichen Anstieg bis auf über 40 Mrd US $ im Jahr 1997. Wie bereits erwähnt, stiegen die vergebenen Mittel jedoch erst ab dem Jahr 1991 überproportional zum BSP an. Die Kennzahl für Bankenaktivität stieg in dieser Phase von 38,2 Prozent (1991) auf knapp über 54 Prozent im Jahre 1997 an.[104]

Hinsichtlich der Bankenaktivität lässt sich also, ebenso wie bei der Betrachtung der absoluten Größe, ein entwickelter Bankensektor in Chile frühestens mit dem Durchbrechen der Entwicklungslinie in den Jahren 1979-80 feststellen. Nach dem Kreditboom Ende der 70er Jahre erfolgte mit der Bankenkrise 1982-84 eine Phase der sinkenden Bankenaktivität. Schließlich wuchs diese und damit die Bedeutung der Banken erst wieder ab dem Jahr 1991 an. Im Jahre 1997 stellt sich der chilenische Bankensektor jedoch sowohl hinsichtlich der absoluten Höhe der Kreditvergabe als auch in Relation zum BSP im Vergleich zum Weltdurchschnitt als durchaus entwickelt dar. Verglichen mit den drei führenden Wirtschaftsnationen liegt er zum Schluss des Betrachtungszeitraumes dabei etwa 10 Prozentpunkte unter dem Wert der USA (64,74%) bzw. bei etwa der Hälfte der Werte Deutschlands (105,46%) und Japans (114,43%).[105]

Aufgrund der im Vergleich zu den anderen Akteuren des Finanzsystems großen Bedeutung der Banken für die Unternehmensfinanzierung soll im Folgenden ausführlich auf deren Charakteristika sowie die Entwicklung dieser ab dem Jahr 1970 eingegangen werden.

4.2.2 Bedeutung ausländischer Banken

Betrachtet man den chilenischen Bankensektor im Jahre 1970, waren nur fünf der 26 registrierten Privatbanken in ausländischen Händen (Leuchter 1975: 79). Entsprechend der folgenden Tabelle 2 hielten diese ausländischen Institute auch lediglich 10,81 Prozent der gesamten Aktiva und lagen entsprechend mit einem Anteil der Kreditvergabe von 7,3 Prozent und einem Anteil an den Depositen von 9,52 Prozent im Vergleich zu den chilenischen Banken deutlich abgeschlagen. Auffallend hoch dagegen ist der Anteil der *Banco del Estado,* welche mit 37,24 Prozent der gesamten Aktiva, 46,43 Prozent aller Depositen und sogar 51,92 Prozent aller vergebenen Kredite die mit Abstand dominierende Institution unter den nationalen Banken darstellte.

[104] Siehe Anhang XIV dieser Arbeit, in dem die dazugehörige Datentabelle abgetragen ist.

[105] Die Daten der Vergleichsländer entstammen ebenfalls der zu der Studie von Beck, Demirgüç-Kunt und Levine (1999) gehörenden Datenbank.

Tabelle 2: Struktur des chilenischen Bankensektors zum 31.12.1970

	Anzahl	**Prozentualer Anteil an den Aktiva**	**Prozentualer Anteil an der Kreditvergabe**	**Prozentualer Anteil an den Depositen**
Privatbanken	26	62,76%	48,08%	53,57%
Chilenische Banken	*21*	*51,95%*	*40,78%*	*44,05%*
Ausländische Banken	*5*	*10,81%*	*7,30%*	*9,52%*
Banco del Estado	1	37,24%	51,92%	46,43%
Ges. Bankensektor	**27**	**100%**	**100%**	**100%**

Quelle: Eigene Berechnung und eigene Darstellung auf der Basis von Leuchter (1975), S. 79

Wie aus obiger Tabelle 2 hervor geht, hatten im Jahr 1970 die chilenischen Banken privater Herkunft, gemessen an deren Anteil an den Aktiva, den Depositen sowie der Kreditvergabe, eine absolut führende Stellung gegenüber den ausländischen Institutionen inne.

Bezüglich der Internationalisierung im chilenischen Bankensektor in den 90er Jahren unterstreicht die Datenbank zur Studie von Beck, Demirgüç-Kunt und Levine (1999) den zunehmenden Anteil von Instituten mit ausländischer Kapitalmehrheit ab dem Jahr 1990. So stieg deren akkumulierter Anteil an den Aktiva in Relation zu den Gesamtaktiva des chilenischen Bankensektors von 30,2 Prozent im Jahre 1990 bis auf 44,77 v. H. im Jahr 1997 an.
Vergleichen wir weiter die entsprechenden heutigen Anteile, so zeichnet sich 32 Jahre nach dem 31.12.1970 ein deutlich anderes Bild, das in Tabelle 3 verdeutlicht wird. Zunächst fällt auf, dass die Anzahl der in Chile ansässigen Auslandsbanken auf 15 Institute mit ausländischem Mehrheitsanteil gestiegen ist. Da dies meist durch den Aufkauf bzw. durch den Erwerb der Aktienmehrheit einer bereits bestehenden chilenischen Bank geschah, ist deren Anzahl entsprechend von 21 auf 11 Institute zum Ende 2002 gesunken (Liso/Soler/Manero/Buil 2002: 188).[106] Entsprechend der größeren Anzahl ausländischer Institute sind auch die oben angeführten Kennzahlen der ausländischen Banken im Vergleich zu 1970 stark angestiegen (siehe Tabelle 3).

[106] Da diese jedoch oftmals unter den bestehenden Namen weiter arbeiteten, werden diese, trotz des vorhandenen ausländischen Mehrheitsaktionärs, weiter als nationale Banken wahrgenommen und tauchen als solche in den Statistiken auf - vgl. Anhang XV und XVI dieser Arbeit. Daher wurde in Tabelle 3 nicht die Statistik der SBIF verwand, sondern eine eigene Zuordnung vorgenommen, wobei als Klassifikationsmerkmal die Aktienmehrheit am jeweiligen Institut diente. Die Zuordnung in inländische und ausländische Banken erfolgte nach umfassender Recherche auf den entsprechenden Websites der jeweiligen Institute. Die entsprechenden Kennzahlen wurden dabei direkt aus den im Annual Report 2002 der SBIF veröffentlichten Bankenbilanzen entnommen und aggregiert – vgl. SBIF, Internetportal (e).

Tabelle 3: Struktur des chilenischen Bankensektors zum 31.12.2002

	Anzahl	**Aktiva in Mio US $**	**% Anteil**	**Kredit-vergabe in Mio US $**	**% Anteil**	**Depositen in Mio US $**	**% Anteil**
Privatbanken	26	53.923	85,34	38.770	87,20	29.833	84,17
Chilenische Banken	*11*	*25.704*	*40,68*	*19.893*	*44,74*	*14.624*	*41,26*
Ausländische Banken	*15*	*28.219*	*44,66*	*18.877*	*42,46*	*15.209*	*42,91*
Banco del Estado	1	9.262	14,66	5.693	12,80	5.612	15,83
Ges. Bankensektor	**27**	**63.185**	**100**	**44.463**	**100**	**35.445**	**100**

Quelle: Eigene Berechnung und Darstellung aus Daten der SBIF, Internetportal (e)

Zwar liegt der Anteil der ausländischen Banken an der gesamten Kreditvergabe noch immer knapp unterhalb dem der chilenischen Banken (42,46% gegenüber 44,74%), in Bezug auf die Aktiva und die Depositen hatten die ausländischen Banken jedoch zum 31.12.2002 ein leicht stärkeres Gewicht als deren chilenische Pendants. Der Anstieg bei der Kreditvergabe der ausländischen Banken erfolgte dabei insbesondere in den 90er Jahren, ausgehend von einem Anteil von 15 Prozent im Jahr 1990 (Liso/Soler/Manero/Buil 2002: 188). Dieser sich intensivierende Konkurrenzkampf zwischen Banken mit chilenischer und solchen mit ausländischer Kapitalmehrheit übertrug sich schließlich durch die Neugestaltung der *Ley General de Bancos* im Jahre 1997[107] auf alle Bereiche des Bankgeschäfts (Becker 2001: 204).

Bezüglich der Herkunft der Banken, welche in der folgenden Abbildung 14 veranschaulicht wird, ist auf die Dominanz der spanischen Kreditinstitute hinzuweisen. Zum 31.12.2002 befanden sich 30,33 Prozent der Aktiva des chilenischen Bankensektors in ihrer Kontrolle, was einem prozentualen Anteil an den Aktiva der ausländischen Banken von 67,92 Prozent entspricht.[108] Gefolgt werden die spanischen Banken von den amerikanischen Instituten. Auch wenn Letztere bezüglich ihrer Anzahl dominieren (4 zu 2), fällt deren Anteil von 7,32 Prozent der Gesamtaktiva bzw. einem Anteil von 16,4 Prozent an den Aktiva der ausländischen Institute deutlich niedriger aus.[109] In der folgenden Abbildung 14 gehen die einzelnen Länder mit dem Anteil der aus diesen stammenden Banken an den gesamten Aktiva des chilenischen Bankensektors ein.

[107] Dadurch erhielten chilenische Banken Zugang zum Investment Banking – vgl. Abschnitt 3.2.2.

[108] Siehe dazu auch Anhang XVII dieser Arbeit.

[109] Für mehr Informationen zu den ausländischen Banken siehe Anhang XVII dieser Arbeit.

Abbildung 14: Ausländische Banken nach Herkunftsland zum 31.12.2002

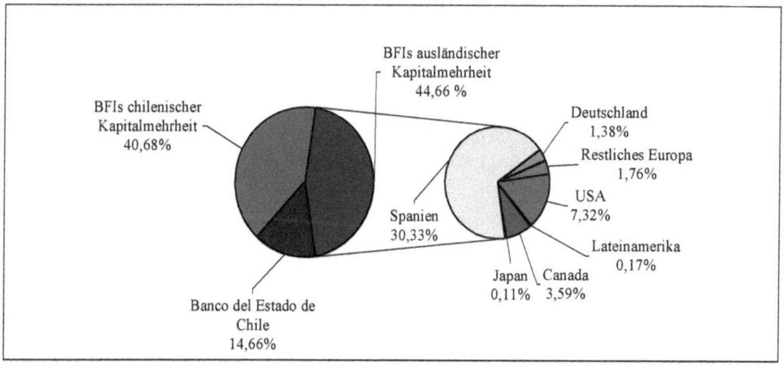

Quelle: Eigene Berechnung und Darstellung auf Datenbasis der SBIF, Internetportal (e)

4.2.3 Bankenkonzentration und Kreditvergabe

Als weiteres Charakteristikum soll die Bankenkonzentration Chiles im Zeitablauf betrachtet werden. Leider liegt hierzu keine zusammenhängende Datenreihe vor, so dass wiederum auf der Basis von Bestandsanalysen versucht werden soll, die Entwicklung der Konzentration des chilenischen Bankensektors nachzuzeichnen.

Das Ausgangsjahr stellt erneut das Jahr 1970 dar, in dem Leuchter (1975) den chilenischen Bankensektor als hoch konzentriert beschreibt.[110] Wie bereits in Tabelle 2 abgebildet, hatte zu diesem Zeitpunkt die *Banco del Estado* einen hohen Anteil an den Aktiva (37,24%) sowie an der Kreditvergabe (51,92%) und den Depositen (46,43%) des gesamten Bankensektors. Als größte private Bank verfügte die *Banco de Chile* weiter über 27,6 Prozent der Depositen und einen Anteil an der Kreditvergabe von 28,6 Prozent (Leuchter 1975: 79).

In Chile hatten sich bereits zu diesem Zeitpunkt familiäre Monopolgruppierungen herausgebildet, welche nicht nur die Kontrolle über einen Großteil des Bankensektors unter sich aufteilten, sondern darüber hinaus auch Verzweigungen in andere Wirtschaftsbereiche besaßen.[111] Als Konsequenz dieser vorherrschenden Strukturen hatten es insbesondere kleinere Firmen ohne die nötigen Beziehungen schwer, an Finanzmittel zu kommen, wohingegen die großen und einflussreichen Unternehmen die vorhandenen Finanzmittel zum Großteil für sich vereinnahmten.[112] Diesem Bild entsprechend, wurde im Jahr

[110] Vgl. Leuchter, W. (1975), S. 79-83.

[111] Siehe dazu auch die Abschnitte 5.1.1 und 5.1.2 dieser Arbeit.

[112] Für mehr Hintergründe zur Struktur des Bankenwesens im Jahr 1970 siehe Abschnitte 5.1.1, 5.1.2 und 5.2.4 dieser Arbeit.

1969 etwa die Hälfte des Kreditvolumens an lediglich 1,3 Prozent der Schuldner vergeben. Aus der umgekehrten Perspektive betrachtet, erhielten 62 Prozent der Schuldner nur 8,2 Prozent des Kreditvolumens (Leuchter 1975: 80f).

Betrachten wir die schon mehrmals angeführte Studie von Beck, Demirgüç-Kunt und Levine (1999), so benutzen die Autoren, als Indikator für die Bankenkonzentration, den prozentualen Anteil der drei größten Banken an den gesamten Bankenaktiva (Beck/Demirgüç-Kunt/Levine 1999: 11). Nach dieser Kennzahl, welche lediglich für den Zeitraum 1990-97 vorliegt, vereinigten die drei größten Finanzinstitute im Ausgangsjahr 56,89 Prozent aller Bankenaktiva.[113] Damit lag die Bankenkonzentration auch im Jahre 1990 noch auf hohem Niveau. Verglichen mit den USA (22,25%) und Japan (23,22%), aber auch im Vergleich zu Deutschland (47,23%) stellte sich der chilenische Bankensektor als höher konzentriert dar.[114] Bis in das Jahr 1997 verringerte sich die Bankenkonzentration jedoch bis auf 41,7 Prozent. Dies deutet darauf hin, dass der bereits mehrfach erwähnte, in den 90er Jahren stark verschärfte Wettbewerb im Bankensektor dazu geführt hat, dass kleinere BFI den führenden Banken Marktanteile abgewinnen konnten.

Über den Status Quo der Bankenkonzentration soll die folgende Tabelle 4 Aufschluss geben. Diese zeigt ein Ranking der 10 größten Banken in Chile zum 31.12.2002. Neben dem Anteil der Aktiva sind auch andere Charakteristika dieser Institute wie deren prozentualer Anteil an der Kreditvergabe oder an den Depositen dargestellt. Der untere Teil der Tabelle gibt dabei Auskunft über die aktuelle Bankenkonzentration, indem die Werte der größten drei, fünf bzw. zehn Institute aggregiert dargestellt werden.

Als führendes Institut des chilenischen Bankensektors ist die zur spanischen Bankengruppe Banco Santander Central Hispano gehörende Banco Santander-Chile zu nennen, welche entsprechend der obigen Tabelle 23,92 Prozent aller Aktiva, 24,41 Prozent der gesamten Kreditvergabe sowie 21,99% aller Depositen vereinte. Im Vergleich zum Jahr 1970 auffallend ist insbesondere der Bedeutungsrückgang der staatlichen Banco del Estado, deren Anteil an den Aktiva zum 31.12.2002 bei lediglich einem Drittel des damaligen Niveaus lag.

[113] Für eine grafische Darstellung des Indikators für Bankenkonzentration sowie der dazugehörigen Datentabelle für die Länder Chile, Deutschland, Japan und die USA siehe auch Anhang XVIII.

[114] Vgl. Anhang XVIII, in welchem die entsprechende Datentabelle der zitierten Studie abgetragen ist.

Tabelle 4: Ranking der größten Banken nach deren Anteil an den Gesamtaktiva

Pos.	Name des Instituts	Banken Aktiva in Mio US $	Banken Aktiva % Anteil	% Anteil an der Kreditvergabe	% Anteil an den Depositen	Filialzahl	Mit-Arbeiterzahl
1	Banco Santander-Chile	15.112	23,92%	24,41%	21,99%	312	7113
2	Banco de Chile	10.755	17,02%	18,57%	16,89%	219	5623
3	Banco del Estado de Chile	9.262	14,66%	12,80%	15,83%	310	7482
4	Banco de Crédito e Inversiones	6.240	9,88%	10,36%	10,04%	131	3201
5	BBVA	4.054	6,42%	6,62%	6,57%	79	1675
6	Corpbanca	2.960	4,69%	5,40%	4,88%	67	2470
7	Citybank N.A.	1.889	4,10%	3,24%	4,88%	61	2470
8	Scotiabank Sud Americano	2.588	3,59%	3,72%	3,04%	46	1214
9	Banco del Desarrollo	2.266	2,99%	3,66%	2,75%	67	1641
10	Banco BICE	1.473	2,46%	2,56%	2,40%	13	678
Die 3 größten BFI		35.128	55,60%	55,78%	54,72%	841	20218
Die 5 größten BFI		45.422	71,89%	72,77%	71,33%	1051	25094
Die 10 größten BFI		56.599	89,71%	91,34%	89,27%	1305	33567

Quelle: Eigene Darstellung und Berechnung auf der Basis von Daten der SBIF, Internetportal (e)

Bezüglich der Bankenkonzentration lässt sich feststellen, dass diese im Vergleich zu dem bereits betrachteten Jahr 1997 weiter angestiegen ist. Zum 31.12.2002 betrug der Anteil der Banco Santander-Chile, der Banco de Chile sowie der staatlichen Banco del Estado zusammen genommen 55,60 Prozent an den gesamten Aktiva des chilenischen Bankensektors, was ziemlich genau dem Wert des Indikators aus dem Jahre 1990 entspricht und als sehr konzentriert charakterisiert werden kann. Dabei erhöhte sich die Konzentration im Vergleich zum Jahr 1997 insbesondere durch die Fusion der nationalen Institute, Banco de Chile und Banco A. Edwards, im Jahre 2001 zur Banco de Chile sowie durch die im Jahr 2002 vollzogene Fusion der zwei ausländischen Institute, Banco Santiago (14,4% der Aktiva zum 31.12.2001) und Banco Santander Chile (12,4% der Aktiva zum 31.12.2001), zur Banco Santander Chile.[115] Trotz der auch zum heutigen Tage bestehenden hohen Bankenkonzentration ist diese jedoch unter keinen Umständen mit der des Jahres 1970 zu vergleichen.[116]
Auch die Vergabe der Kredite auf wenige Investoren ist nicht mehr so stark ausgeprägt wie zu Beginn der 70er Jahre, obwohl auch im Jahr 1999 die Vergabe von Großkrediten dominierte. Zu diesem Zeitpunkt wurden 64 Prozent

[115] Für die prozentualen Anteile an den Aktiva vgl. SBIF, Internetportal (f).
[116] Zu den grundlegendsten Unterschieden siehe Abschnitte 5.1.1, 5.1.2 und 5.2.4 dieser Arbeit.

der vergebenen Mittel über Kredite von über 1,4 Mio US $, 14 Prozent über Kredite zwischen 0,28 und 1,4 Mio US $ und 22 Prozent über solche mit weniger als 0,28 Mio US $ vergeben (Caballero 2002: 4).

4.2.4 Bilanzstruktur der Bankfinanzintermediäre

Als weiteres Charakteristikum soll die Bilanzstruktur der in Chile agierenden BFI untersucht werden. Die folgende Tabelle 5 zeigt diese zum Ende des Jahres 2001, wobei jeweils drei der dominanten Aktiv- bzw. Passivpositionen mit ihren Anteilen in Relation zur Bilanzsumme abgebildet sind. Weiter wurden private BFI chilenischer Kapitalmehrheit von denen mit ausländischer Kapitalmehrheit unterschieden. Die zu diesem Zeitpunkt verbleibende *Sociedad Financiera* (SF) ist in der letzten Spalte der Tabelle dem chilenischen Bankensektor hinzu gerechnet worden, da ihrem Antrag auf eine Banklizenz von der SIBF stattgegeben wurde.

Tabelle 5: Bilanzstruktur der Bankfinanzintermediäre

	Banken nationalen Kapitals	Banken ausländischen Kapitals	Banco del Estado	Sociedad Financiera	Der chilenische Bankensektor (*)
Liquide Mittel	3,4%	5,1%	2%	0,9%	4%
Kreditvergabe	69,1%	63%	62%	76,6%	65,3%
Cartera de Valores	16,7%	18,5%	26,9%	5,5%	18,9%
Sonstige	10,8%	13,4%	9,1%	17%	11,8%
Gesamte Aktiva	**100%**	**100%**	**100%**	**100%**	**100%**
Depositen	58,9%	54,7%	58%	74,8%	56,8%
Anleihen	14,4%	15%	25,3%	0%	16,2%
Eigene Mittel	8,1%	10,1%	6,2%	9,9%	8,8%
Sonstige	18,6%	20,2%	10,5%	15,3%	18,2%
Gesamte Passiva	**100%**	**100%**	**100%**	**100%**	**100%**

Anmerkungen:

* Inklusive der Sociedad Financiera

Quelle: Liso, J. / Soler, M ./ Manero, M. / Buil, M. (2002), S. 198

Trotz vorhandener Niveauunterschiede stellt, wie auch nicht anders zu erwarten war, bei allen BFI die Kreditvergabe den Großteil an den Aktiva dar. Dabei hat deren Anteil bei Banken nationalen Kapitals noch immer einen etwas höheren Stellenwert, als dies bei Instituten mit ausländischer Kapitalmehrheit der Fall ist (69,1% vs. 63%). So bemerkt auch Stein (2001), dass sich die überwiegende Mehrheit der chilenischen Banken, trotz des mit der Bankenreform im Jahr 1997 ermöglichten Zugangs zum Investment Banking Geschäft, noch immer auf die Ausübung der klassischen Commercial Banking Aktivitäten fokussiert (Stein

2001: 4). Die Zeichnung von staatlich emittierten Wertpapieren, die den Hauptteil der in der Tabelle abgetragenen *Cartera de Valores* (Wertpapiere des Anlagevermögens) darstellt, liegt bei dem Vergleich von in- und ausländischen Banken auf etwa gleichem Niveau, wobei jedoch deren erhöhte Bedeutung bei der *Banco del Estado* (26,9%) als staatliche Bank auffällt.
Die Depositen als Bestandteil der Passivseite stellen für in- und ausländische BFI mit deutlichem Abstand die Hauptfinanzierungsquelle dar. Es folgen die Emission von Anleihen und die Finanzierung über eigene Mittel auf deutlich niedrigerem, aber untereinander vergleichbarem Niveau. Die *Banco del Estado* unterscheidet sich jedoch von Privatbanken hinsichtlich des Niveaus dieser Finanzierungsquellen. Tragen die Emission von Anleihen 25 Prozent der Finanzierung, so spielen bei dieser die Finanzierung aus eigenen Mitteln (6,2%) eine untergeordnetere Rolle.
Schlüsselt man die Kreditvergabe weiter nach den Empfängern der Kredite auf, so unterscheiden sich zum heutigen Zeitpunkt nationale Banken nur wenig von ihren ausländischen Pendants. Wie im Anhang III dargestellt ist, vergeben die nationalen BFI mit 60,2 Prozent proportional mehr Kredite an Unternehmen als ausländische Institute (54,4%). Im Gegenzug vergeben die nationalen Banken proportional weniger Konsumentenkredite (6,8% gegenüber 9,1%) und betreiben proportional auch weniger Immobilienfinanzierung (12,7% gegenüber 16,7%).[117] Die Finanzierung als auch die Verwendung der Gelder liegen bei der SF auffällig anders verteilt, was durch gesetzliche Auflagen bedingt ist.[118]

4.2.5 Effizienz und Ertragslage der Bankfinanzintermediäre

Als Indikator für die Effizienz der BFI sollen zunächst, entsprechend der Studie von Beck, Demirgüç-Kunt und Levine (1999), die Nettozinsmargen sowie die *overhead costs* (Gemeinkosten) dienen, deren Entwicklung für die 90er Jahre in der folgenden Abbildung grafisch dargestellt sind.
Der Abbildung 15 entsprechend, zeigt die Kennzahl der Gemeinkosten über den Zeitraum einen gewissen Anstieg bis in das Jahr 1994. Dann kehrt sich der Trend jedoch wieder um und reduziert sich auf das Ausgangsniveau im Jahr 1997, wobei dies wohl insbesondere auf das überproportionale Anwachsen der Aktiva in den letzten drei Jahren des Betrachtungszeitraumes zurückzuführen ist. Für die Nettozinsmarge lässt sich ein fallender Trend im Beobachtungszeitraum feststellen, was gut in das bereits festgestellte Bild der zunehmenden Wettbewerbsintensität im Laufe der 90er Jahre passt.

[117] Dies lässt Spekulationen darüber zu, ob die ausländischen Banken vielleicht nicht strengere Anforderungen bei der Kreditvergabe haben. Bei der Immobilienfinanzierung dient die Immobilie hingegen als Sicherung des Kredits, und entsprechend der größeren Vorsicht ist dieses ein „sichereres" Geschäftsfeld, in dem die ausländischen Banken stark vertreten sind.
[118] Siehe auch Abschnitt 3.3.2. dieser Arbeit.

Abbildung 15: Entwicklung der Nettozinsmarge und der Gemeinkosten

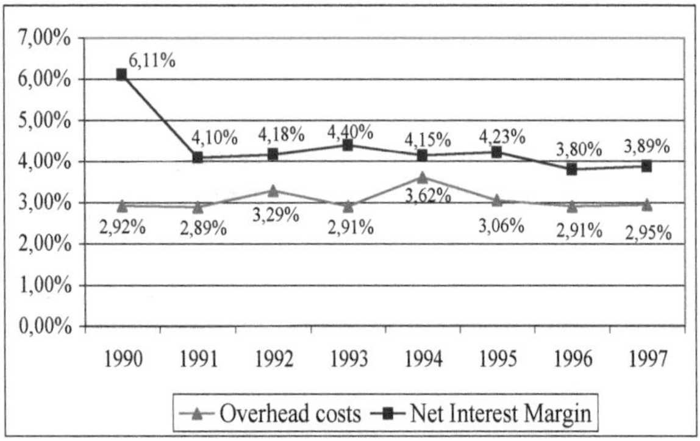

Quelle: Eigene Darstellung auf Basis der Datenbank der Studie Beck et al. (1999)

Mit der weiteren Verschärfung des Bankenwettbewerbs durch die Überarbeitung der *Ley General de Bancos* im Jahr 1997 wäre die Entwicklung des Indikators bis zum heutigen Zeitpunkt interessant gewesen, jedoch liegen dafür keine Daten vor. Daher soll im Folgenden die Entwicklung der Mitarbeiter- und Filialzahl betrachtet werden.

Abbildung 16: Mitarbeiter- und Filialzahlen der BFI 1990-2002

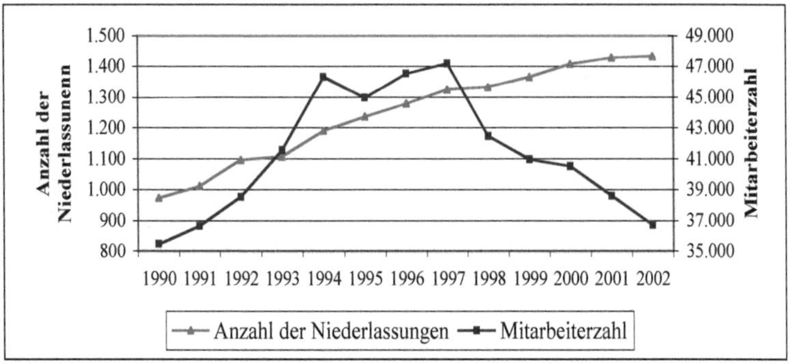

Quellen: - Anzahl der Institutionen 2002: SBIF, Internetdownload (a)
- Entwicklung 1990-2000: SBIF, Internetdownload (b)
- Entwicklung 2000-2002: SBIF, Internetdownload (c)

Betrachtet man indes die enorme Reduzierung der Mitarbeiterzahl ab dem Jahre 1998 bei einer gleichzeitig steigenden Anzahl von Niederlassungen sowie einem

in Abschnitt 3.5 festgestellten starken Zuwachs der Banken Aktiva, so lassen sich enorme Rationalisierungsmaßnahmen im Bankensektor erkennen, die sich positiv auf die Effizienz des Bankensektors ausgewirkt haben sollten (siehe Abb. 16).
Die Vermutung der gesteigerten Effizienz im Verlauf der letzten Jahre wird auch in der Studie der Autoren Liso, Soler, Manero und Buil (2002) bestätigt.[119] So verbesserte sich der von ihnen angewandte Indikator für die Effizienz der BFI von 61,4 (1998) auf 56,2 im Jahr 2001.[120] Auch in Bezug auf die Entwicklung der Ertragskennzahlen der BFI stellen die Autoren eine Verbesserung fest. Mit einem ROA von 1,22 Prozent (2001) sowie einem von 11 Prozent (1998) auf 15,7 Prozent (2001) gestiegenen ROE ist die Ertragslage des chilenischen Bankensektors, trotz weiter vorhandenen Steigerungspotenzials, zum heutigen Tag durchaus mit der des spanischen Bankensektors vergleichbar.[121]

4.2.6 Internationalität der chilenischen Bankfinanzintermediäre

Bis in das Jahr 1997 waren die Banken chilenischer Kapitalmehrheit vom Geschäft auf den internationalen Finanz- und Geldmärkten ausgeschlossen. Durch die Bankenreform im Jahre 1997 wurden diese Beschränkungen jedoch aufgehoben. Seither sind nun auch chilenische Banken im internationalen Rahmen dazu befugt, Finanzinvestitionen zu tätigen, Kredite zu vergeben oder Anteile von anderen BFI zu erwerben. Dabei ist es ihnen überlassen, die Transaktionen über andere BFI im Ausland oder aber über eigene Filialen und Repräsentanzen vor Ort abzuwickeln (Liso/Soler/Manero/Buil 2002: 204).
Zum Ende des Jahres 2002 besaßen lediglich die Banco de Crédito e Inversiones (Miami) und die Banco de Chile (Miami und New York) Niederlassungen im Ausland. Das gesamte Transaktionsvolumen im Ausland belief sich im Jahr 2001 auf lediglich fünf Prozent der in Chile vergebenen Mittel. Hinzu kommt, dass an diesen fünf Prozent insbesondere Institute mit ausländischer Kapitalmehrheit, wie die Banco Santander Chile und die Banco de Santiago, die größten Anteile besitzen (Liso/Soler/Manero/Buil 2002: 205). Trotz der nun bestehenden Möglichkeiten können also die BFI in Chile sechs Jahre nach der Reform keinesfalls als *global player* bezeichnet werden, da deren Präsenz, deren Beteiligungsvolumen sowie deren im Ausland generiertes Transaktionsvolumen noch immer sehr gering sind.

---

[119] Vgl. Liso, J. / Soler, M ./ Manero, M. / Buil, M. (2002), S. 209ff.

[120] Als Indikator diente das Verhältnis Gemeinkosten / Marge – entsprechend steigt die Effizienz mit fallenden Werten des Indikators.

[121] Anzumerken ist, dass die Banco del Estado hinter den Effizienzwerten und den Ertragskennzahlen zurückbleibt, was sicherlich auf ihre in Abschnitt 3.2.3 erläuterte Zielsetzung zurückzuführen ist.

4.3 Die Nichtbankfinanzintermediäre und deren Entwicklung

4.3.1 Entwicklung der bankähnlichen Institute

Bei der Betrachtung der folgenden Abbildung 17, die die Entwicklung der aggregierten Kreditvergabe der SFs, der CACs sowie der spezialisierten Gesellschaften veranschaulicht, sehen wir die bereits in den jeweiligen Unterkapiteln verbal dargestellte geringe Bedeutung dieser Institutionen bestätigt.[122]

Abbildung 17: Kreditvergabe der bankähnlichen Institute von 1980-1997

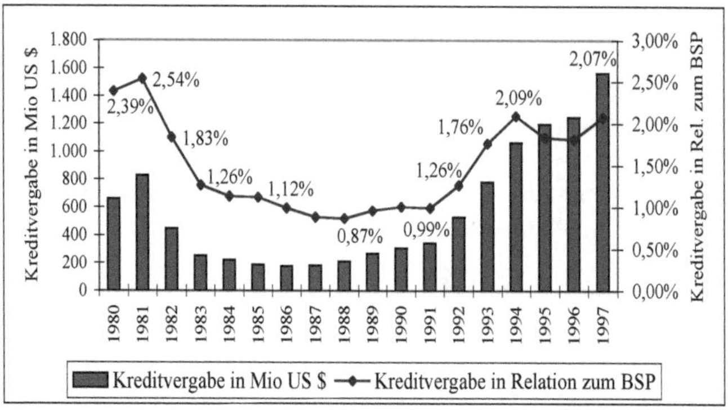

Quelle: Eigene Berechnung und Darstellung auf Basis der Datenbank zur Studie von Beck, Demirgüc-Kunt, Levine (1999) sowie der „Global Development Finance 2002" Datenbank der Weltbank

Verbindet man die bereits in Abschnitt 3.3 erwähnte Information mit der in Abbildung 17 dargestellten Entwicklung, so soll noch einmal auf die im Zeitablauf konstant abnehmende Bedeutung der CACs hingewiesen werden, deren Hochphase im chilenischen Finanzsystem zu Beginn der Betrachtung bereits vergangen war. Die fallenden Aktiva der CACs werden in obiger Grafik durch die zunehmende Bedeutung der speziellen Finanzinstitute, insbesondere zu Beginn der 90er Jahre, kompensiert. Durch das bereits erwähnte Verschwinden der SFs in Chile bzw. durch deren Transformation in Banken bis zum 1.11.2001 läge der entsprechende Wert der obigen Darstellung heute noch niedriger, als dies mit knapp 2,07 Prozent im Jahre 1997 schon der Fall war.[123] Die Bedeutung der bankähnlichen Finanzintermediäre in Chile ist also marginal.[124]

---

122 Siehe auch Anhang XIX für die Darstellung der zur Grafik gehörenden Datentabelle.

123 Im Jahr 1997 gab es noch 3 dieser *Sociedades Financieras* in Chile - vgl. SBIF Internetportal (b).

124 Die Daten für die NBFI stammen, entgegen der Vorgehensweise bei den BFI, direkt aus den Bilanzen der einzelnen Institute und liegen daher vergleichsweise höher.

4.3.2 Entwicklung der Versicherungen

Die Rolle der Versicherungen für die Unternehmensfinanzierung ist in einem Finanzsystem aufgrund deren Geschäftsfokus natürlich nicht mit derjenigen der BFI oder der Kapitalmärkte vergleichbar. Trotzdem stehen diese durch die von ihnen getätigten Finanzinvestitionen in Unternehmensanleihen oder Aktien doch mit dem Finanzsystem eng in Verbindung, weshalb die Entwicklung dieses Sektors an dieser Stelle erwähnt werden soll.[125]

Im Gegensatz zu der bereits nachgezeichneten Entwicklung der BFI, war das Wachstum der Gesamtaktiva der Versicherungsbranche von 589 Mio (2,42% in Relation zum BSP) im Jahr 1982 auf 7,83 Mrd (11,42% in Relation zum BSP) im Jahre 1996 nicht durch sich abwechselnde Phasen des extremen Wachstums bzw. des Einbruchs gekennzeichnet, sondern verlief ungleich moderater und kontinuierlicher. Begleitet wurde der größenmäßige Anstieg des Versicherungssektors von einer zunehmenden Aktivität im chilenischen Finanzsystem. Der Anteil an den gesamten im Finanzsektor getätigten Investitionen wuchs von 3,4 Prozent in Relation zum BSP im Jahr 1985 auf 19 Prozent im Dezember des Jahres 2001 an (Liso/Soler/Manero/Buil 2002: 200f).[126] Selbstverständlich ging dieser Anstieg Hand in Hand mit einer zunehmenden Versicherungsdichte, was an dieser Stelle jedoch lediglich erwähnt werden soll (Gallego/Loayza 2000: 200f).

Dabei profitierte die Versicherungsbranche insbesondere von dem starken Wachstum der privaten Pensionsfonds, die verpflichtet wurden, für alle in das Pensionssystem einzahlenden Mitglieder eine Lebensversicherung abzuschließen. Die hieraus resultierenden Einnahmen der Versicherungen beliefen sich zwischen 1988 und 1997 auf durchschnittlich 0,24 Prozent in Relation zum BSP und trugen zu der positiven Entwicklung des Versicherungssektors bei (Gallego/Loayza 2000: 20).

4.3.3 Entwicklung der Investmentfonds

Ähnlich wie bei den Versicherungen und deren beschränkter Rolle bei der „aktiven“ Unternehmensfinanzierung verhält es sich mit den Investmentfonds, auf deren Entwicklung im Folgenden knapp eingegangen werden soll.[127]

Die Aktiva der Investmentfonds betrugen im Jahre 1982 etwa ein halbe Milliarde US Dollar (2,1% in Relation zum BSP), fielen jedoch im Zuge der Banken- bzw. Wirtschaftskrise bis zum Jahr 1984 auf 85 Mio US Dollar (0,44%

---

[125] Siehe Anhang XX für eine graphische Darstellung der Entwicklung sowie für die Datentabelle.

[126] Vgl. Frémond, O. / Capaul, M. (2003), S.2 und Liso, J. / Soler, M ./ Manero, M. / Buil, M. (2002), S. 200f.

[127] Für eine grafische Darstellung der Entwicklung sowie für die Datentabelle siehe Anhang XXI.

in Relation zum BSP).[128] Entsprechend der Darstellung im Anhang XXI dieser Arbeit wiesen die Investmentfonds jedoch ab diesem Jahr ein bis zum Ende des betrachteten Zeitraumes anhaltendes, kontinuierliches Wachstum auf, wobei insbesondere der Zeitraum von 1990 bis 1995 durch hohe Wachstumsraten auffällt.[129] Dabei lässt sich vermuten, dass die Phase des überproportionalen Wachstums insbesondere durch die weitestgehend von Preiseffekten getragene, stark angestiegene Marktkapitalisierung der Aktienmärkte sowie durch den starken Zufluss von Mitteln seitens der Pensionsfonds erfolgte, denen es zu Beginn der 90er Jahre gestattet wurde, Anteilsscheine von diesen zu erwerben.[130] Im Jahre 1996 verwalteten die Investmentfonds Aktiva in Höhe von 5,34 Mrd US Dollar (7,83% in Relation zum BSP), womit sie sich im chilenischen Finanzsystem etabliert hatten. Verglichen mit dem Finanzsystem der USA (37,32% in Relation zum BSP) oder auch im Vergleich zu Deutschland (17,68% in Relation zum BSP) besitzen diese jedoch in Chile eine weitaus geringere Bedeutung.[131]

4.3.4 Entwicklung der Administradoras de Fondos de Pensiones

4.3.4.1 Mitgliederzahl, Aktiva und Anzahl der AFPs im Zeitablauf

Die Umstellung auf das neue, kapitalgedeckte Rentensystem geschah nicht in Form eines *big bang,* sondern wurde schrittweise herbeigeführt. Dabei wurde den bereits nach dem alten System versicherten Arbeitnehmern ein Wahlrecht eingeräumt, zu einer der privaten AFPs zu wechseln oder aber auch weiterhin im alten System versichert zu verbleiben. Von diesem Wechsel zum neuen System machten zwischen Mai und Dezember des Jahres 1981 1,4 Mio Versicherte Gebrauch, was einem Anteil von 37,9% der Beschäftigten entsprach und von einer sensationellen Akzeptanz seitens der chilenischen Bevölkerung zeugte.[132] Ab dem 1.1.1983 mussten sich schließlich alle Arbeitnehmer, die zum ersten Mal beitragspflichtig wurden, bei einer der untereinander konkurrierenden AFPs privat versichern (Kellner 1998: 37). Entsprechend stieg die Zahl der über das kapitalgedeckte System Versicherten kontinuierlich an und erreichte im November des Jahres 1996 mit 5,5 Mio Beitragszahlern einen Anteil von 95 Prozent aller Beschäftigten.[133]

Neben der dargestellten Entwicklung der Mitgliederzahl wuchsen selbstverständlich auch die von den AFPs verwalteten Aktiva sowohl in absoluten

[128] Dabei sei darauf hingewiesen, dass die Daten für die NBFI an dieser Stelle, entgegen der Vorgehensweise in Abschnitt 3.2, direkt aus den Bilanzen der einzelnen NBFI stammen und diese daher vergleichsweise höher liegen.

[129] Vgl. Anhang XXI zur Entwicklung der Aktiva der Investmentfonds.

[130] Vgl. Abschnitt 3.3.4 und Abbildung 19 über die Portfoliozusammensetzung der AFPs.

[131] Für Japan lagen keine Daten für die Investmentfonds vor.

[132] Zu den Hintergründen der Rentenreform siehe Kapitel 6 dieser Arbeit.

[133] Vgl. Bürfent, P. (2000), S. 142.

Zahlen als auch in Relation zum BSP ab dem Jahr 1982 kontinuierlich an.[134] Dabei hat sich die Kennzahl von 462 Mio US $ (1,9 % in Relation zum BSP) im Jahre 1982 auf 26,58 Mrd US $ (38,76 % in Relation zum BSP) im Jahr 1996 erhöht.[135] Zum Ende des Jahres 2001 lag der Wert bei 55 Prozent in Relation zum BSP (Liso/Soler/Manero/ Buil 2002: 200f).
Nach der Gründung von zwölf AFPs im Jahre 1981 gab es im Laufe der Zeit 31 dieser privaten Verwaltungsgesellschaften, die unterschiedlich lange im chilenischen Finanzsystem agierten. Durch viele Fusionen untereinander und durch den in manchen Fällen aufgetretenen Entzug der Lizenz durch die SAFP, die die Aufsichtsbehörde der AFPs darstellt, hat sich deren Anzahl jedoch bis zum 31.12.2002 auf sieben reduziert, welche die bis zu diesem Zeitpunkt auf 35,825 Mrd US $ angewachsenen Aktiva unter sich aufteilen.[136] Die drei größten Gesellschaften, Provida, Habitat und Cuprum, besitzen dabei zusammen genommen einen Marktanteil von 70,62 Prozent aller verwalteten Mittel.[137] Damit sind die AFPs sowohl bezüglich der Höhe der verwalteten Aktiva als auch bezüglich der Konzentration den BFI sehr ähnlich.
Angesichts der Höhe der von den AFPs verwalteten Mittel, welche die AFPs zu den bedeutendsten NBFI im chilenischen Finanzsystem machen, sind deren Portfoliostruktur bzw. die den AFPs auferlegten Restriktionen von besonderem Interesse.

4.3.4.2 Entwicklung der Portfolios der AFPs

In den ersten Jahren nach der Einführung des neuen Rentensystems waren die AFPs in ihrer Tätigkeit bzw. bei der Auswahl der Investitionsalternativen sehr eingeschränkt und reglementiert. Nach dem Decreto Ley 3.500 des Jahres 1980 und seinen Modifikationen galt in Chile die Regelung, die bis zum August 2002 Bestand hatte, dass jede der AFPs lediglich einen einzigen Fond verwalten durfte. Auch mussten neben dem Kapital der Mitglieder auch alle Reserven der AFPs in diesen Fonds investiert werden, um eventuell auftretende Interessenskonflikte zwischen den Managern der AFPs und den Anlegern der Gelder zu

[134] Für eine grafische Veranschaulichung der Entwicklung der Aktiva sowie die Abbildung der dazugehörigen Datentabelle siehe Anhang XXII dieser Arbeit.

[135] Es sei darauf hingewiesen, dass lediglich die Entwicklung der privaten AFPs dargestellt wird und die 1980 bereits bestehenden Pensionskassen außer Acht gelassen wurden. Entsprechend der Entwicklung der Mitgliederzahlen stellen diese heute auch nur noch eine Randerscheinung dar.

[136] Für eine im Excel Sheet nachgezeichnete Entwicklung der Aktiva der einzelnen AFPs sowie für Informationen zu Fusionen und Lizenzsperrungen dieser siehe auch SAFP, Internetportal (1).

[137] Die genauen Zahlen der verwalteten Mittel und der daraus resultierenden Anteile dieser drei Gesellschaften sind in der obigen Reihenfolge die folgenden: knapp über 8 Mrd US $ (31,45%), knapp über 6 Mrd US $ (23,58%) und fast 4 Mrd US $ (15,59%), wobei ein Umrechnungskurs des IPC von 712,38 Peso pro US Dollar verwendet wurde.

vermeiden. Weiter wurden und werden bis heute noch maximale Anteilswerte für die einzelnen Investitionsalternativen von der chilenischen Zentralbank festgelegt. Diese lagen zu Beginn des neuen Systems im Jahre 1981 für die einzelnen möglichen Investitionsalternativen bei den folgenden Werten:

- Keine Beschränkung für staatlich emittierte Wertpapiere
- 80 Prozent für Hypothekenbriefe
- 70 Prozent bei Schuldverschreibungen von Banken
- 60 Prozent für Schuldverschreibungen von Unternehmen
- 20 Prozent für den Erwerb von Anteilen an anderen Pensionsfonds.[138]

Durch diese Maßnahmen sollten, damals wie heute, die Eigentümer des Fonds geschützt und das Management der AFPs quasi gezwungen werden, immer eine gewisse Risikodiversifizierung durchzuführen oder aber in die als am stabilsten erachtete Investitionsalternative, die der staatlich emittierten Wertpapiere, zu investieren (Agosin/Pastén 2003: 7). Im Laufe der Zeit erfuhren diese vorgegebenen *investment limits* verschiedene Änderungen, was sich deutlich in der Portfoliostruktur der AFPs niederschlug, die in der folgenden Abbildung 18 dargestellt ist.

Abbildung 18: Portfoliozusammensetzung der AFPs von 1981-1997

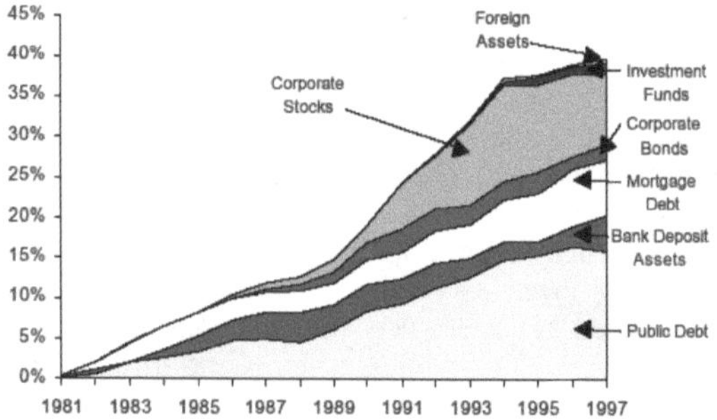

Quelle: Gallego/Loayza (2000), S. 20

Als Gründe für die Änderungen der *investment limits* und der damit verbundenen unterschiedlichen Portfoliostruktur sind dabei sich ändernde Rahmenbedingungen oder auch verschiedene wirtschaftspolitische Zielsetzungen zu nennen. Zeugte bspw. ein Höchstanteilswert von 70 Prozent zu Beginn der Rentenreform für ein großes Vertrauen in die Solvenz der Banken, so veränderte sich diese Einschätzung im Zuge der Bankenkrise 1982 angesichts der tatsächlich bedrohlichen Finanzsituation vieler der angeschlagenen Institute.

[138] Vgl. Vittas, D. (1996), S. 2 zu den 1981 bestehenden Restriktionen.

Entsprechend wurde der Höchstanteilswert der Schuldverschreibungen von Banken auf 40 Prozent reduziert. Als wichtigstes Beispiel einer wirtschaftspolitisch motivierten Modifikation ist die im Jahre 1985 hervorzuheben.[139] In diesem Jahr kam es zu einer Reduzierung der maximalen Anteilswerte der staatlich emittierten Anleihen sowie der Unternehmensanleihen, deren Höchstwerte am Portfolio der AFPs von jeweils 100 und 60 Prozent auf 40 bzw. 50 Prozent reduziert wurden (Vittas 1996: 2). Im Gegenzug zu dieser Reduktion wurden ab dem Jahre 1985 Aktien als Investitionsalternative schrittweise frei gegeben (Iglesias-Palau 2000: 111). Die in obiger Darstellung veranschaulichte Stagnation des Anteils der staatlichen Schuldverschreibungen trotz der weiter stark ansteigenden Gesamtzahl der verwalteten Mittel zwischen den Jahren 1985 und 1988 sowie die in dieser Zeitspanne noch zögerlich vonstatten gehende Investition der AFPs in Aktien stellten den Beginn einer sich deutlich ändernden Portfoliostruktur der AFPs dar. Betrachtet man diese im Jahr 1997, stellen staatliche Schuldverschreibungen, gefolgt von Aktien und Hypothekenpfandbriefen die größten Anteile am Portfolio der AFPs dar (siehe Abbildung 18).

Um die Bedeutung der AFPs bzw. der Rentenreform im Jahre 1981 auf das chilenische Finanzsystem noch besser zu verdeutlichen, sollen die durchschnittlichen aggregierten Anteilswerte der AFPs an den meistgenutzten Investitionsalternativen dargelegt werden. So befanden sich über den Zeitraum zwischen 1993 und 1998 durchschnittlich 60 Prozent aller Hypothekenpfandbriefe, 50 Prozent aller Unternehmensanleihen, 40 Prozent aller Staatsanleihen sowie 10 Prozent aller Aktien in den Portfolios der AFPs (Gallego/Loayza 2000: 19). Die AFPs wurden zu den wichtigsten Minderheitsaktionären in der Mehrheit der in Chile gelisteten Unternehmen und stellen heute weiter die dominante Finanzierungsquelle des chilenischen Anleihemarktes dar (Iglesias-Palau 2000: 111).
Bis auf das Zeichnen von Neuemissionen auf den Aktien- und Anleihemärkten spielen die AFPs zwar ebenso wenig wie Investmentfonds und Versicherungen eine „direkte" Rolle bei der Unternehmensfinanzierung, die betrachteten hohen Anteilswerte bescheinigen den AFPs jedoch eine sehr wichtige Rolle auf der Nachfrageseite nach einzelnen Instrumenten der Kapitalmärkte. Entsprechend wird den AFPs von Seiten vieler Autoren eine große Bedeutung, wenn nicht sogar die entscheidende Rolle bei der Entwicklung der Kapitalmärkte bzw. bei der Entwicklung des gesamten modernen chilenischen Finanzsystems zugesprochen.[140]
Seit August 2002 ist das *Sistema de Multifondos* in Chile eingeführt, nach dem

[139] Für eine ausführliche Darstellung der wirtschaftspolitischen Hintergründe siehe Kapitel 6.
[140] Vgl. Agosin, M. / Pastén, E .(2003) oder Gallego, F. / Loayza, N. (2000). Siehe weiter auch die in Kapitel 5 dargestellten Auswirkungen der AFPs auf das Corporate Governance System sowie ihre Bedeutung als „aktiver" Minderheitsaktionär im Finanzsystem.

die Rentenbeitragszahler[141] nun auch die Möglichkeiten haben, entsprechend ihrer Risikopräferenz, in fünf verschiedenen Risikoklassen zu investieren.[142] Für die AFPs hatte dies zur Folge, dass diese ab diesem Zeitpunkt nun auch verschiedene Fonds mit unterschiedlichen Risiko-Ertrags-Lagen anbieten müssen (Agosin/Pastén 2003: 7). Je nach Risikoklasse des Fonds gelten heute für diese auch unterschiedliche Restriktionen und Investitionsbeschränkungen, zu denen auch weiterhin von der chilenischen Zentralbank festgelegte Höchstanteilswerte am Portfolio der AFPs zählen.[143]

Zu der Entwicklung der die AFPs betreffenden Auflagen lässt sich allgemein sagen, dass diese heute einerseits zwar um einiges komplexer geworden sind, was insbesondere auf eine bessere Risikoerfassung bzw. Risikosteuerung zurückzuführen ist, dass andererseits jedoch die im Zeitablauf immer effektiver und differenzierter gewordene Risikosteuerung tendenziell eher zu einer Lockerung der Auflagen geführt hat.[144] Beispielsweise ist es den AFPs seit der Durchsetzung des D.L. N° 141 im Jahre 1994 erlaubt und weiter mit der Modifikation dieses Gesetzes im Jahre 1997 durch die D.L. N° 47 erleichtert worden, Gelder auch im Ausland durch dort ansässige Investmentfonds zu investieren. Interessant ist in dem Zusammenhang, dass es nun auch vorgeschriebene Mindestanteilswerte für die verschiedenen Fondsklassen und ihre Investitionstätigkeit gibt. So müssen bspw. die aggregierten Anteile der von den AFPs getätigten Investitionen in Aktien, Aktien an Immobiliengesellschaften sowie Investitionen in Investmentfonds bzw. *mutual funds* im Fall der höchsten Fondsrisikoklasse (A) mindestens 40 Prozent des Fondsvolumens betragen.[145]
Trotzdem gelten für die AFPs jedoch auch heute noch verschiedene fundamentale Einschränkungen ihres Tätigkeitsfeldes. So ist es ihnen seit ihrer Gründung nicht erlaubt, in *non-investment grade bonds* zu investieren und auch ein Engagement auf dem Venture Capital Markt ist ihnen noch immer verwehrt. So könnten bspw. die AFPs ohne dieses Verbot eine bedeutende Rolle als Intermediär zwischen Überschusseinheiten und innovativen Investoren spielen

---

141 Ausgenommen von dieser Regelung sind Frauen über 50 und Männer über 55 Jahren, welche die riskanteste Anlageform nicht mehr wählen dürfen.

142 Vgl. SAFP, Internetportal (2).

143 Für eine ausführliche Darstellung der geltenden Restriktionen siehe auch SAFP, Internetportal (1).

144 Beispielsweise wirkt sich heute mangelnde Liquidität einer Aktie negativ auf deren maximalen Anteilswert aus, wohingegen der maximale Anteilswert der liquiden Aktien erhöht wurde – für eine ausführliche Darstellung der geltenden Restriktionen siehe auch SAFP, Internetportal (1).

145 Es gelten weiter die folgenden minimalen Anteilswerte für die oben dargestellten aggregierten Investitionsmöglichkeiten: 25 Prozent (Risikoklasse B), 15 Prozent (Risikoklasse C), 5 Prozent (Risikoklasse D) und 0 Prozent (niedrigste Risikoklasse E) – vgl. SAFP, Internetportal (1).

(Agosin/Pastén 2003: 7). Bezüglich der Effizienz der AFPs über den Zeitablauf sei angemerkt, dass diese, gemessen am durchschnittlichen Ertrag mit 11 Prozent p.a., seit dem Jahr 1981 durchaus hoch lag.[146] Betrachtet man jedoch die operative Kostenstruktur der AFPs, so liegen diese noch über den internationalen Standards (Gallego/Loayza 200: 20).
Trotz des noch vorhandenen Innovationspotentials soll dieser Abschnitt mit einem die AFPs betreffenden Zitat beendet werden, das deren wichtige Rolle bei der Entwicklung des modernen chilenischen Finanzsystems unterstreicht:

> *„These agents have mobilized a gradually increasing amount of financial resources, with a strong positive effect on the development of other financial sectors and activities."* *(Gallego, F. / Loayza, N. 2000, S. 19)*

Dabei sind unter *other financial sectors* insbesondere die Anleihe- und Wertpapiermärkte gemeint. Wie bereits in den vorhergehenden Abschnitten dargestellt wurde, profitierten jedoch durchaus auch die Versicherungsbranche sowie Investmentfonds von der positiven Entwicklung der AFPs.

4.4 Zusammenfassung und theoretische Auswertung der Ergebnisse

Nach dem einleitenden Kapitel 3 und der erfolgten umfassenden Darstellung der Akteure des chilenischen Finanzsektors und ihrer Charakteristika soll nun erneut ein abschließender Vergleich stattfinden.
Einleitend sei an dieser Stelle angemerkt, dass die Finanzierung aus eigenen Mitteln, ähnlich wie in den USA oder Deutschland, nach wie vor die bedeutendste Finanzierungsquelle chilenischer Unternehmen darstellt (Agosin/Crespi/Letelier 1999: 123). Für die betrachteten externen Finanzierungsquellen bzw. die unterschiedlichen Akteure gilt weiter, dass sich deren Wachstum nicht etwa kontinuierlich über die drei Dekaden erstreckte, sondern Phasen temporärer *booms* und darauf folgenden Phasen des Einbruchs bzw. der Konsolidierung folgte.[147] Darüber hinaus konnten alle Akteure im Finanzsystem zu Beginn der Betrachtung im Jahr 1970 als unterentwickelt eingestuft werden. Die Kapitalmärkte spielten zu Beginn des Beobachtungszeitraumes gegenüber dem Bankensektor sowohl in Anbetracht der geringen MC als auch hinsichtlich des nicht existenten Emissionsvolumens eine zu vernachlässigende Rolle für die Unternehmensfinanzierung. Dagegen war die Aktivität des Staates im Finanzsystem durch die Zentralbank sowie staatlichen BFI stark ausgeprägt.[148]
Ausgelöst durch einen Kreditboom zum Ende der 70er Jahre, erreichten die BFI zu Beginn der 80er Jahre als erster Akteur des chilenischen Finanzsystems ein,

[146] In diesem Zusammenhang sei auf die enormen Preiseffekte auf den Sekundärmärkten der Aktienmärkte hingewiesen.
[147] Ausgenommen davon ist der Verlauf der Entwicklung der AFPs und der des Versicherungssektors.
[148] Für eine ausführliche Darstellung der Aktivität des Staates siehe Kapitel 6.

im Vergleich mit dem Weltdurchschnitt, angemessenes bzw. entwickeltes Niveau und spielten entsprechend auch weiterhin bei der Unternehmensfinanzierung die entscheidende Rolle.

Zu einer scheinbaren Umkehrung dieser Bankendominanz im Finanzsystem kam es Ende der 80er und insbesondere Mitte der 90er Jahre. Dabei erreichten die Kapitalmärkte Marktkapitalisierungen von über 150 Prozent in Relation zum BSP, was mehr als dem Dreifachen der Größe der BFI entsprach. Zu dieser Entwicklung trugen die NBFI, und dabei allen voran die AFPs, als Nachfrager von Instrumenten des Kapitalmarktes maßgeblich bei. Demirgüç-Kunt und Levine (1999) nehmen dieses Verhältnis zwischen Bankenaktiva und Marktkapitalisierung schließlich als Hauptgrund, Chile als „schwach" marktorientiert zu charakterisieren (Demirgüç-Kunt/Levine 1999: 15).[149]
Die weitere Analyse der Charakteristika der einzelnen Akteure, wie des Emissionsvolumens der Kapitalmärkte, zeigte jedoch, dass das enorme Anwachsen der MC der Aktienmärkte überwiegend durch Preiseffekte herbeigeführt wurde. Weiter war ein beachtlicher Anteil des Emissionsvolumens auf den Aktienmärkten der Abwicklung von Privatisierungen zuzuschreiben. Die festgestellte hohe Illiquidität spricht weiter gegen einen entwickelten Kapitalmarkt, wie dieser bspw. in den USA vorliegt. Im Gegensatz dazu steigerten die BFI im Laufe der 90er Jahre ihre Kreditvergabe an den nichtfinanziellen Sektor auf ein Niveau über 50 Prozent in Relation zum BSP und konsolidierten dadurch ihre Rolle im chilenischen Finanzsystem. Auch erreichten die BFI ein beachtliches Effizienzniveau zum Ende des Betrachtungshorizontes, ausgelöst durch den im Laufe der 90er Jahre zunehmend härter gewordenen Wettbewerb im Bankensektor.

Nach einer Erklärung verlangen jedoch die äußerst niedrigen FK/EK Verhältnisse in der chilenischen Unternehmenslandschaft, die entsprechend dem Anhang XXIII im Jahr 1999 lediglich in zwei Sektoren der Wirtschaft die 100 Prozentmarke überstiegen.[150] Als Erklärung dieser kann zum einen die mangelnde Liquidität des Anleihemarktes genannt werden, die es nicht zulässt, in großem Umfang, Fremdkapital an den Kapitalmärkten zu platzieren (Agosin/Pastén 2003: 4). Zum anderen liegt in Chile eine extrem hoch

[149] Als „schwach" marktorientiert, da der Wert Chiles (0,25) unter der Hälfte des Durchschnitts (0,52) der Länder in der Vergleichsgruppe liegt. Hinsichtlich der entwickelten drei Referenzländer liegt Chile näher an Deutschland (-0,1) oder Japan (-0,19), welche beide als bankenorientiert charakterisiert werden, als an den USA (1,96), welche als marktorientiert bezeichnet werden – vgl. Demirgüç-Kunt. A. / Levine, R. (1999), Anhang 12.

[150] Der Gesamtdurchschnitt des FK/EK Anteils lag im Jahr 1999 bei 67,4%, was für ein Entwicklungs- bzw. Schwellenland als sehr niedrig angesehen werden kann – vgl. Agosin, M. / Pastén, E. (2003), S. 4.

konzentrierte Eigentümerstruktur in der chilenischen Unternehmenslandschaft vor, wobei die kontrollierenden Parteien bei weitem mehr Anteile an Aktien halten, als für eine Kontrolle des Unternehmens nötig wäre.[151] Um diese exzessiven Anteile zu reduzieren, was bei einem illiquiden Aktienmarkt nur schwierig durch den Verkauf der Anteile möglich ist, platzierten die Eigentümer, entgegen dem von der *pecking order* Theorie angenommenen Verhalten, in zunehmendem Maße EK, und dies auch verstärkt im Ausland, um ihre hohen Anteile auf diese Weise abzusenken bzw. zu „verwässern" (Agosin/Pastén 2003: 4). Als letzten Grund für die im Laufe der 80er Jahre zugenommene Präferenz von EK kann schließlich die Bankenkrise im Jahr 1982-1984 genannt werden. Herrschte im Vorfeld dieser ein regelrechter Kreditboom, in dessen Verlauf sich die Unternehmen hochgradig verschuldeten, was quasi zu einer Abhängigkeit der Unternehmen von Bankkrediten führte, so mussten die Unternehmen ein vollständiges Versiegen dieser Finanzierungsquelle durch den Bankrott vieler Institute erfahren. Als Lehre aus dieser Bankenkrise scheinen sich die chilenischen Unternehmen zum Ende der 80er Jahre zum einen weniger hoch zu verschulden und zum anderen diversifizierter zu finanzieren als in der Zeit zuvor (Agosin/Crespi/Letelier 1999: 123).
Die für das Jahr 1999 vorliegende *Flow*-Variable zeigte die weiter bestehende Dominanz der BFI, die in diesem Jahr 51 Prozent zur Unternehmensfinanzierung beitrugen, wohingegen Aktien (33%) und Anleihen (16%) weiterhin eine geringere Rolle bei der Unternehmensfinanzierung spielten (Caballero 2002: 4). In diesem Sinne kann vom Standpunkt der Unternehmensfinanzierung aus in jeder der vergangenen drei Dekaden von einer Dominanz der Banken gegenüber anderen Akteuren bzw. von einer generellen Bankenorientierung des chilenischen Finanzsystems gesprochen werden. Caballero (1999) vergleicht die Dominanz der Banken mit den in Deutschland bestehenden Strukturen (Caballero 1999: 7). Daher soll Chile im Folgenden und entgegen der Ansicht von Demirgüç-Kunt und Levine (1999) als bankorientiertes Finanzsystem charakterisiert werden, in dem sich jedoch auch die Aktienmärkte im In- und Ausland zunehmend als weitere Finanzierungsquelle der Unternehmen etabliert haben.

Nach der Analyse des Elementes der Unternehmensfinanzierung soll nun im folgenden Kapitel 5 auf das Corporate Governance System und das Rechtssystem Chiles als weitere Elemente im Finanzsystem eingegangen werden.

[151] Zu der exzessiven Eigentümerstruktur chilenischer Unternehmen siehe auch Abschnitt 5.1.1 und insbesondere Abschnitt 5.1.2 dieser Arbeit.

5 Corporate Governance und Rechtssystem Chiles

In diesem Kapitel 5, das sich mit der Corporate Governance in Chile befasst, soll zunächst im Abschnitt 5.1 nach Indikatoren gesucht werden, welche Rückschlüsse auf die Entwicklung der im allgemeinen Teil dieser Arbeit dargelegten Funktionsmechanismen des Corporate Governance Systems ermöglichen. Im Abschnitt 5.2 soll weiter auf das Engagement des Staates durch die Gesetzgebung einerseits sowie die Qualität des *Enforcement* der Akteure andererseits eingegangen werden. Diesbezüglich werden die gesetzlichen Regelungen zum Aktionärsschutz und zum Schutz der Kreditgeber in den jeweiligen Unterkapiteln dargestellt, wobei ebenfalls Bezug auf den Ursprung des chilenischen Rechtssystems genommen werden soll. Schließlich wird auch eine kurze Erörterung des staatlichen Enforcement durch die Aktivität und Qualität der Bankenaufsicht (SBIF) erfolgen, da durch eine ausgeprägte Unternehmenskontrolle seitens solcher Institutionen Ineffizienzen des Rechtssystems bzw. des Corporate Governance Systems durchaus ausgeglichen werden können (LaPorta et al. 1998: 1140). Auch soll auf die Entwicklung der Informations- und Publikationspflichten der Unternehmen, auf deren Verfügbarkeit für den Markt und die Öffentlichkeit sowie auf die Rechnungslegungsstandards eingegangen werden, um Anzeichen für eine Internalisierung bzw. eine Externalisierung von Information zu finden.

Eine unter Abschnitt 5.3 erfolgende Charakterisierung des gesamten Corporate Governance Systems soll schließlich die dargelegten Ergebnisse zusammen fassen und eine Charakterisierung als *Insider*- oder *Outsider*-System zulassen. Darüber hinaus soll auf die Ergebnisse der Unternehmensfinanzierung Bezug genommen und dabei der Frage nachgegangen werden, ob sich die Elemente des chilenischen Finanzsystems über die letzten drei Dekaden komplementär zueinander verhalten haben.

5.1 Funktionsmechanismen der Corporate Governance

5.1.1 Indikatoren für Relationship Lending bzw. Arm´s Length Lending

Um uns einen Bild von der Gestaltung der Beziehungen zwischen Banken und Unternehmen machen zu können, ist es hilfreich, die Struktur des Finanzsystems zu betrachten, auch wenn sich dabei Informationen, die an anderer Stelle bereits dargelegt wurden, wiederholen. Im Ausgangsjahr 1970 war der Familienbesitz bei den chilenischen Unternehmen sehr stark ausgeprägt. Dabei beherrschten monopolartige Strukturen in den jeweiligen Wirtschaftssektoren das Bild der chilenischen Wirtschaft, wie dies für den Bankensektor bereits in Abschnitt 4.2.3 angesprochen wurde (Leuchter 1975: 84). Durch die Zugehörigkeit von Banken zu den familiären Konglomeraten bzw. durch enge Verbindungen zwischen Finanz-, Industrie-, kommerziellen sowie anderen Monopolen, be-

fanden sich die Familienklans folglich sowohl auf der Nachfrageseite als auch auf der Geberseite von Finanzmitteln und lenkten die finanziellen Ressourcen entsprechend ihrer Interessen und Bedürfnisse.[152] Dabei spielte insbesondere das repressive Finanzsystem, das bis 1973 in Chile Bestand hatte, eine wichtige Rolle, dass sich solche Strukturen herausbildeten.[153] Betrachtet man dabei die einzelnen Mitglieder der Familie als Personen mit gleich ausgerichteten Interessen, so kam es folglich zu keinen Interessenskonflikten dieser Personen untereinander. Aufgrund der familiären Komponente ging die Intensität der Beziehungen zwischen den Banken und Unternehmen sogar noch über die theoretischen Vorstellungen des *relationship lending* hinaus.
Die Konkurrenz um die wenigen finanziellen Mittel, die nicht an die Firmen der Familienkonglomerate vergeben wurden, war sehr hoch, und ohne die nötigen Beziehungen war es für diese extrem schwer, an Finanzmittel zu kommen.[154] Daher soll hier davon ausgegangen werden, dass auch für diese Unternehmen in den meisten Fällen eine *relationship lending* Beziehung vorlag bzw. diese von den Unternehmen angestrebt wurde, um sich auch mittel- und langfristig Zugang zu den sehr begrenzten Ressourcen zu sichern.

Während der Regierungszeit Salvador Allendes (1970-73) wurden die meisten bedeutenden Industrieunternehmen sowie fast alle Banken und Versicherungsunternehmen verstaatlicht. Ihre Eigentümer oder Anteilseigner wurden dabei in den meisten Fällen enteignet oder aber zum Verkauf ihrer Anteile gezwungen (Agosin/Pastén 2003: 2). Die große Mehrheit dieser verstaatlichten Betriebe wurde im Zuge der ersten Privatisierungswelle (1974-1979) unter der am 11. September 1973 beginnenden Militärdiktatur Augusto Pinochets entsprechend der verfolgten neoliberalen Wirtschaftspolitik jedoch bereits wieder reprivatisiert (Hachette/Lüders 1992: 74f). Wichtig in diesem Zusammenhang ist, dass bei der Privatisierung in den meisten Fällen nicht die alten Eigentumsstrukturen wieder hergestellt wurden, sondern dass die Aktien oftmals an neue, private Investoren veräußert wurden (Agosin/Pastén 2003: 2). Aufgrund der mangelnden gesetzlichen Vorschriften bildeten sich jedoch wieder Sektoren übergreifende, den Bankensektor miteinschließende Konglomeratsstrukturen heraus, wobei die drei größten dieser Konglomerate wiederum als *family owned* charakterisiert werden können (Majluf et al. 1998: 112). Auch absorbierten im Jahr 1982, ähnlich wie zu Beginn der 70er Jahre, wenige Gläubiger einen Großteil des vergebenen Kreditvolumens, was entsprechend der oben angeführten Argumentationsweise auch zu diesem Zeitpunkt für die Existenz des

[152] Für Beispiele familiärer Monopolgruppen und deren Verzweigungen siehe Leuchter (1975), S. 80f.
[153] Zum repressiven Finanzsystem siehe auch Kapitel 6 sowie Lefort, F. / Walker, E. (1999b), S. 191.
[154] Vgl. Abschnitt 4.2.3 dieser Arbeit oder Leuchter, W. (1975), S. 80f.

relationship lending spricht.[155] Erst im Zuge der Bankenkrise, die 1982 ihren Ausgang nahm, wurden derartige Verflechtungen zwischen dem Finanzsektor und anderen Wirtschaftszweigen durch neue Auflagen unterbunden (Agosin/ Pastén 2003: 1).

Bei der Betrachtung des Status Quo des Bankensektors ist uns im vorherigen Kapitel 4 bereits eine sehr starke Wettbewerbsintensität aufgefallen.[156] Dabei hat insbesondere die starke Zunahme der Institute aus dem Ausland zu diesem intensivierten Wettbewerb beigetragen. Dies zeugt von einem umgekehrten Konkurrenzkampf, in dem nicht mehr Unternehmen um knappe Finanzmittel konkurrieren, sondern nun die Banken bei der Kreditvergabe um die „guten", d.h. solventen bzw. sichereren, Unternehmen bei der Kreditvergabe rivalisieren. In diesem Sinne ist davon auszugehen, dass nun insbesondere die Banken ein Interesse an lang anhaltenden Geschäftsbeziehungen haben, um damit attraktive Geschäftspartner zu binden.

Für weiterhin bestehende *relationship lending* Beziehungen zwischen Banken und Unternehmen sprechen die beim Eintritt der ausländischen BFI in den chilenischen Markt mehrheitlich erfolgten Aufkäufe bereits bestehender chilenischer Institute.[157] Diesbezüglich lässt sich argumentieren, dass das verfolgte Ziel dieser Transaktionen in der Nutzung des bereits bestehenden *Insider*-Wissens der Banken bestand, das diese über ihre Kunden und Geschäftspartner angesammelt hatten.
Geht man weiter davon aus, dass entsprechend der angeführten Argumentation in den 70er und Anfang der 80er Jahre tatsächlich *relationship lending* Beziehungen dominiert hatten, so besitzen diese Banken Vorteile aufgrund der langfristig erfolgten Zusammenarbeit mit den jeweiligen Unternehmen (Hackethal/Schmidt 2000: 18). Dem zur Folge können diese BFI Kredite zu besseren Konditionen vergeben, als dies anderen BFI möglich ist, was ein Beenden von bestehenden Geschäftsverhältnissen aus rationalen Gründen verhindern sollte. Ebenso müssten auch Banken bei Unternehmen, die einen Wechsel von der bisherigen Bank anstreben bzw. von Seiten des Instituts dazu gezwungen werden, äußerst skeptisch reagieren und sich eingehend mit der Frage befassen, weshalb die vorherige Bank die geforderten Konditionen mit dem vorhandenen *Insider*-Wissen, im Gegensatz zu anderen BFI nicht erfüllen kann oder will. Daher ist ein kompletter Wechsel von *relationship lending* Beziehungen zu *arm's length* Beziehungen als eher unwahrscheinlich zu

---

155 Zwei der großen Konglomerate absorbierten im Jahr 1982 über 50 Prozent des an den privaten Sektor gehenden Kreditvolumens – vgl. Agosin, M. / Pastén, E. (2003), S. 11.
156 Vgl. zur angestiegenen Wettbewerbsintensität die Abschnitte 4.2.2 und 4.2.4 dieser Arbeit.
157 Vgl. Abschnitt 4.2.2 dieser Arbeit oder Liso, J. / Soler, M ./ Manero, M. / Buil, M. (2002), S. 188.

betrachten. Daher soll auch zum heutigen Tage angenommen werden, dass in Chile *relationship lending* Beziehungen dominieren.

Wie in Abschnitt 5.3.4 noch dargestellt werden wird, ist in Chile, insbesondere im Lauf der 90er Jahre, ein zunehmender Trend zu höheren Informations- und Publizitätsvorschriften zu erkennen, der zu mehr Transparenz sowie zu mehr verfügbaren Informationen für Investoren und Öffentlichkeit geführt hat. Auch wenn nicht klar festgestellt werden kann, inwiefern man tatsächlich von einer Informationsexternalisierung sprechen kann und welche speziellen Vorteile Banken durch langfristige Kundenbeziehungen gegenüber Konkurrenzunternehmen noch ziehen können, so schwächt ein Trend zu mehr Transparenz die Vorteile der *Insider* im Großen und Ganzen ab.
Für eine geringere Anzahl von Unternehmen gilt weiter, dass sie aufgrund der Emission von Aktien und Anleihen in den USA den dort bestehenden, hohen Informations- und Publikationspflichten nachkommen müssen.[158] Durch die Existenz der modernen Informationstechnologie profitieren einerseits Aktionäre in Chile von der hohen Quantität und Qualität der dort publizierten Informationen, andererseits haben selbstverständlich auch andere Kreditinstitute Zugang zu diesen, wodurch einzelne Banken keinen Informationsvorsprung mehr gegenüber anderen haben können. Entsprechend kann bei allen in den USA emittierenden Unternehmen davon ausgegangen werden, dass diese keine *relationship lending* Beziehungen mehr zu Banken führen. Dagegen wird ein Fortbestand dieser Beziehungen für die Mehrzahl der chilenischen Unternehmen weiter angenommen.

5.1.2 Indikatoren für die Modi Liquidity bzw. Control

Bei der Frage, ob das chilenische Corporate Governance System einer *liquidity* oder *control* Orientierung folgt, gilt es insbesondere, die Eigentümerstruktur der chilenischen Unternehmen zu untersuchen. Wie bereits im vorherigen Abschnitt erwähnt, teilten zu Anfang der 70er Jahre wenige Familienclans nicht nur die Kontrolle einzelner Wirtschaftssektoren unter sich auf, sondern unterhielten auch Verzweigungen in andere Wirtschaftsbereiche.[159] Hugo Fazio (1971) berechnete für das Jahr 1970, dass knapp zwei Prozent der Aktionäre annähernd zwei Drittel der gesamten Aktien besaßen, wobei familiäre Beziehungen unter den Aktionären noch nicht berücksichtigt wurden (Fazio 1971: 34). Weiter berichtet Leuchter (1975), dass in 59,4 Prozent der untersuchten 271 Unternehmen die zehn größten Aktionäre aggregierte Anteile zwischen 90 und 100 Prozent aufwiesen. In über 84 Prozent der Fälle verfügten diese über aggregierte

[158] Zum Ende des Jahre 2001 machten 25 der 249 an der Bolsa de Comercio de Santiago gelisteten Unternehmen von dieser Möglichkeit Gebrauch.
[159] Für Beispiele von Monopolgruppierungen und deren Verzweigungen siehe Leuchter (1975), S. 80f.

Anteile von über 50 Prozent aller Aktien (Leuchter 1975: 83). Mit der Verstaatlichung der Mehrzahl der Unternehmen (1970-73) und der anschließenden Reprivatisierung (74-79) an größtenteils neue, private Eigentümer bildete sich in der chilenischen Wirtschaft zwar eine neue Eigentümerstruktur heraus, der Trend zur Konzentration sowie zur Verflechtung der Anteile über verschiedene Industriesektoren hinweg, den Bankensektor miteingeschlossen, blieb hingegen bestehen.[160] Als Folge bildeten sich Anfang der 80er Jahre ähnliche Konzernstrukturen wie zu Beginn der 70er Jahre (Matussek 2003: 163).

Seit dem Jahr 1983 wurden *cross shareholdings,* die insbesondere im asiatischen Raum stark vertreten sind, durch das chilenische Gesetz verboten (Agosin/ Pastén 2003: 3). Infolgedessen entstanden insbesondere Holding-Gesellschaften, zu denen meist mehrere Investmentgesellschaften sowie multinationale Unternehmen gehören (Majluf et al. 1998: 121f).[161] Bis zum Jahr 1994 bildeten sich 54 dieser „Gruppen" in der chilenischen Wirtschaft heraus, deren schnelles Wachstum insbesondere in den 80er Jahren erfolgte und vom wirtschaftlichen Aufschwung sowie durch die Übernahme bankrotter Unternehmen im Zuge der Wirtschaftskrise beflügelt wurde (Majluf et al. 1998: 112f). Die bestehenden Konglomerate können dabei in die Kategorien *family owned, Management Buyouts* (MBOs) sowie *Management Buyouts* mit signifikanter Anteilsstruktur der AFPs untergliedert werden (Majluf et al. 1998: 112f).

Einen ersten Einblick in die Eigentümerstruktur der 90er Jahre liefert uns zunächst die Analyse der proportionalen Anteile, die der jeweils größte Aktionär eines Unternehmens an diesem hält. Diese lagen im Fall Chiles im Jahr 1994 im internationalen Vergleich sehr hoch. Kontrollierten die größten Anteilseigner in den USA und Japan durchschnittlich lediglich 5 bzw. 7 Prozent aller Aktien, lag die Kennzahl im Fall Chiles bei 40 Prozent, was selbst im Vergleich zu Deutschland (22%) einem fast doppelt so hohen Wert entspricht (Majluf et al. 1998: 114).

Durch die Akkumulation der einzelnen Anteile der zugehörigen Firmen über pyramidenähnliche Strukturen erlangen die Holdinggesellschaften weiter einen erheblichen Einfluss bei der Unternehmenskontrolle. In der nachfolgenden Tabelle 6 sind die fünf größten Gruppen dargestellt, die im Jahr 1994 Beteiligungen an 303 chilenischen Firmen besaßen. Ihr aggregierter Anteil an

[160] Unter anderem wurde in der ersten Privatisierungswelle nicht darauf geachtet, eine ausgeglichene Anteilseignerstruktur zu erlangen – vgl. Abschnitt 6.3.2 oder Lefort, F. / Walker, E (1999b), S. 191.

[161] Für eine grafische Veranschaulichung einer solchen stilisierten Holdinggesellschaf siehe Agosin, M. / Pastén, E. (2003), S. 20, Abbildung 1.

der gesamten MC der Aktienmärkte lag bei knapp 30 Prozent (siehe Tabelle 6). Alle 17 von den Autoren untersuchten Gruppen kamen auf einen aggregierten Anteil der gesamten MC von 61,9 Prozent (Majluf et al. 117).

Tabelle 6: Einfluss der fünf größten Anteilseigner in Chile 1994

Gruppe	Marktwert in Mio US $	Anteil der gesamten MC	Ø Anteil der kontrollierten Aktien	Zahl der kontrollierten Vorstände
Angelini	8.426,80	12,40%	60,4%	27 (von 29)
Luksic	3.844,30	5,70%	60,3%	38 (von 40)
Matte	5.232,20	7,70%	53,1%	13 (von 16)
Pathfinder	1.764,70	2,60%	48,9%	13 (von 17)
Sigdo	8.25,8	1,20%	52,9%	30 (von 39)
TOTAL	**20.093,80**	**29,60%**		**121 (von 141)**

Quelle: Eigene Darstellung - Majluf et al. (1998), S. 117 und 120

Die durchschnittlichen Anteile der in der Tabelle dargestellten Gruppen in den beteiligten Unternehmen betrugen, mit Ausnahme der Pathfinder Gruppe (48,9%), alle deutlich über 50 Prozent (siehe Tabelle 6). Die großen Möglichkeiten dieser Gruppen zur Einflussnahme auf die Unternehmen zeigt sich weiter insbesondere in der Anzahl der von diesen Gesellschaften bestimmbaren bzw. beeinflussbaren Vorstände, die in der letzten Spalte der Tabelle dargestellt ist (Majluf et al. 1998: 120). Die Gruppen unterschieden sich schließlich insbesondere in dem von ihnen verfolgten Diversifikationsgrad der getätigten Investitionen, welcher stark variierte.[162]

Die Analyse der Eigentümerkonzentration der chilenischen Konglomerate, gemessen an dem durch die einzelnen Gesellschaften kontrollierten Anteil an den „total assets", zeichnet eine Studie von Lefort und Walker (2000) auf Basis der konsolidierten Bilanzen der Konglomerate im Laufe der 90er Jahre nach.[163] Dabei wurden alle Unternehmen berücksichtigt, die nicht dem Finanzsektor zuzurechnen sind und ihre Bilanzen bei der SVS als deren Kontrollinstanz einzureichen haben.[164] In aufwändiger Recherche wurden auch jegliche Beziehungen der Unternehmen zu anderen Firmen und Beteiligungsgesellschaften untersucht, wodurch 33, 45 und 47 existente Gruppen in den Jahren 1990, 1994 und 1998 festgestellt wurden.

---

[162] Am einseitigsten investiert waren die Gruppen Matte (92,2% im gleichen Sektor) und Angelini (61,7%), Pathfinder (47,5%) und Sidgo Koppers (45,9%) lagen auf niedrigerem Niveau, Luksic (22,3%) zeigte sich dagegen als am höchsten diversifiziert – vgl. Majluf, N. et al. (1998), S. 119.

[163] Die Kennzahl der „total assets" bezeichnet dabei die betrachtete Summe aus Marktkapitalisierung der bei der SVS publizierenden Unternehmen plus die Buchwerte der Schulden aller nicht dem Finanzsektor zuzurechnenden Unternehmen.

[164] Die Anzahl der betrachteten Firmen lag dabei bei den folgenden Werten: 162 (1990), 252 (1994) und 195 (1998).

Ihren Ergebnissen zur Folge war mit einer Wahrscheinlichkeit von 70 Prozent mindestens eine dieser Holdinggesellschaften bei einem der betrachteten Unternehmen beteiligt (Lefort/Walker 2000: 15). Weiter baute die größte dieser Holdinggesellschaften ihren Anteil an den „total assets" aller öffentlich gehandelten Unternehmen von 14 Prozent im Jahr 1994 auf 23 Prozent im Jahr 1998 aus. Auch die aggregierten Anteile der fünf größten Gesellschaften stiegen von 44 Prozent im Jahr 1990 auf 54 Prozent im Jahr 1998 an, wobei die Autoren ebenfalls darauf hinweisen, dass die Holdinggesellschaften bei weitem mehr Anteile halten, als dies zur Ausübung der Kontrolle für die einzelnen Unternehmen nötig wäre (Lefort/Walker 2000: 16ff). Der durchschnittliche Anteil des Mehrheitsaktionärs lag im Jahr 1998 bei 57 Prozent des konsolidierten Eigenkapitals des Konglomerats (Lefort/Walker 2000: 16).

Mit dem erlangten Wissen über die sehr schwierig zu durchschauenden Verflechtungen der einzelnen Unternehmen untereinander berechneten die Autoren für das Jahr 1999 die Eigentümerstruktur aller Firmen, die nicht dem Finanzsektor zuzurechnen sind. Die folgende Tabelle veranschaulicht ihre Ergebnisse und zeigt eine derartig hohe Eigentümerkonzentration in der chilenischen Unternehmenslandschaft, dass selbst die Autoren der Studie überrascht sind (Lefort/Walker 2000: 19). In den verschiedenen Zeilen der Tabelle wird weiter nach der Höhe der Konzentration der betrachteten Unternehmen unterschieden, um dadurch ein differenzierteres Bild zu erhalten.

Tabelle 7: Eigentümerkonzentration der größten Anteilshalter im April '99

	Anzahl der größten Aktionäre			
	1	**3**	**5**	**10**
U 1	99,80%	100%	100%	100%
20% Quantil	63,60%	89,70%	93,60%	96,90%
40% Quantil	51,20%	75,40%	82,80%	91,20%
60% Quantil	38,90%	63,00%	74,30%	83,40%
80% Quantil	24,10%	52,60%	64,10%	74,70%
U 2	4,20%	12,50%	16,70%	27,10%
Durchschnitt	46,20%	68,70%	76,80%	84,90%

Anmerkungen:

U1 = das Unternehmen mit der höchsten Konzentration

U2 = das Unternehmen mit der niedrigsten Konzentration

Quelle: Walker, E. / Lefort, F. (2000), S. 19

Entsprechend der Tabelle hielten die drei größten und von einander unabhängigen Anteilseigner über alle betrachteten Unternehmen, die nicht dem Finanzsektor zuzurechnen sind, annähernd 70 Prozent der Aktien. Weiter lag deren durchschnittlicher Anteil bei den 20 Prozent der Unternehmen mit der höchsten Eigentümerkonzentration sogar annähernd bei 90 Prozent. Die durchschnittliche Eigentümerkonzentration des größten Aktionärs lag bei 46,2 Prozent, die der fünf größten Anteilseigner bei 76,8 Prozent, und die größten 10 Anteilseigner besaßen durchschnittlich ganze 84,9 Prozent aller nicht dem Finanzsektor zuzurechnenden chilenischen Unternehmen. Die Ergebnisse übertrafen die Zahlen vorangegangener Studien bei weitem, wobei Lefort und Walker auch die Gründe für die derart hohen Abweichungen erläutern.[165]

Auf der Basis von Daten aus Bloomberg zum 18. August 2003 wurden alle Anteile, die größer als 5 Prozent bezogen auf die gesamten ausgegebenen Aktien waren, in dem mit dem DAX vergleichbaren IPSA Index aggregiert, um die aktuelle Situation der Eigentümerkonzentration in Chile zu beleuchten.[166] Der Trend zur Konzentration scheint dabei noch immer anzuhalten. Die durchschnittliche Eigentümerkonzentration der 40 im IPSA vertretenen Firmen lag zum Zeitpunkt der Betrachtung bei 62,08 Prozent. Zudem gab es in 16 der 40 dem Index zugehörigen Unternehmen einen Mehrheitsaktionär, der über 50 Prozent der Aktien besaß. Der Durchschnitt der Anteilsstruktur dieser 16 Unternehmen lag bei 69,52 Prozent der gesamten Aktien, was die bereits mehrfach erwähnte übermäßige Eigentümerkonzentration unterstreicht. Der verbleibende, über alle Unternehmen betrachtete *Free Float* der gelisteten Unternehmen war entsprechend niedrig.[167]

Ungeachtet der Tatsache, ob sich die Unternehmen im Familienbesitz, im privaten oder staatlichen Besitz befanden, ist in allen drei Dekaden eine sehr starke Konzentration der Anteile festzustellen.[168] Die Eigentümerstrukturen Chiles sowie die Organisation der Investment- und Holdinggesellschaften sind zwar nicht direkt vergleichbar mit denen, die in Deutschland und Japan vorherrschen, grenzt man diese jedoch gegenüber den USA ab, so zeigen sich doch grundlegende Gemeinsamkeiten (Majluf et al. 1998: 123). In allen drei Finanzsystemen bestehen starke Verbindungen zwischen Eigentümern und

165 So berechneten LaPorta et al. (1996) für die 10 größten, nicht dem Finanzsektor hinzuzurechnenden Unternehmen eine Anteilskonzentration der 3 größten Anteilseigner (ohne staatliche Beteiligungen) von 41 Prozent. Bei dieser Studie wurden jedoch 3 grundlegende Tatsachen nicht beachtet, was zum starken Abweichen des Ergebnisses führte. (1) Ihr Datensatz beinhaltete lediglich die 10 größten Firmen, (2) Beziehungen zwischen den einzelnen größten Anteilshaltern, welche bspw. dem gleichen Konglomerat zugeordnet werden können, wurden nicht berücksichtigt und (3) Effekte aus der pyramidenähnlichen Struktur bei der Ausübung der Kontrollrechte wurden ebenfalls nicht einbezogen – vgl. Lefort, F. / Walker, E. (2000), S. 19.

166 Dabei wurden die in der obigen Fußnote erläuterten drei Tatsachen ebenfalls nicht berücksichtigt, weshalb die dargestellten Werte eher als die Untergrenze zu betrachten sind.

167 Für das Jahr 2001 berechneten Frémond und Capaul reale Free Float Anteile zwischen 7 und 16 Prozent, wobei dieser bei Firmen mit einer höheren Marktkapitalisierung wie der hier betrachteten tendenziell am oberen Ende der Spanne lag – vgl. Frémond, O. / Capaul, M. (2003), S. 1.

168 Zu gleichen Ergebnissen kommen auch Autoren wie Majluf, N. / Abarca, N. / Rodriguez, D. / Fuentes, A. L. (1998), Khanna, T. / Palepu, K. (1997) und Lefort, F. / Walker, E. (1999a)

Managern, wohingegen die Eigentümerstrukturen in den USA, wie im allgemeinen Teil erläutert, sehr stark verteilt sind. Der dort eintretende Interessenkonflikt zwischen Managern bzw. Vorständen und Eigentümern der Unternehmen entsprechend der *Agency Theorie* ist in Chile nicht bzw. lediglich in abgeschwächterem Maße existent, da die Eigentümer entweder selber ihre Firmen leiten oder durch die hohen Anteile starke Einflussmöglichkeiten auf das Unternehmen besitzen (Majluf et al. 1998: 124). Die sehr hohe Konzentration der Eigentümer, der daraus resultierende Einfluss auf das Management sowie die Überwachung des Unternehmens sprechen eindeutig für das Bestehen einer *control* Orientierung. Entsprechend der sehr hohen Konzentration der Macht auf einzelne Investorengruppen, die in verschiedenen Bereichen der Wirtschaft Beteiligungen halten und mit diesen ihre Interessen vertreten, ist also Chile durchaus mit den Strukturen im kontinentalen Europa zu vergleichen (Agosin/ Pastén 2003: 1).

Ein Indiz gegen das Bestehen einer *liquidity* Orientierung der Corporate Governance ist auch die bereits in Kapitel 4 festgestellte mangelnde Liquidität der Kapitalmärkte, die trotz eines Anstiegs im Laufe der 90er Jahre auch heute noch deutlich unterhalb des Weltdurchschnitts liegt. Da weiter der Großteil des Umsatzes auf wenige Unternehmen fiel, machte dies den Rest des chilenischen Aktienmarktes noch illiquider.[169] Dadurch ist es den Investoren kaum möglich, ihre Portfoliostruktur bei größeren Positionen kurzfristig zu verändern, ohne selbst zum *market maker* zu werden und einen Preisverfall auszulösen. Spätestens wenn eine größere Anzahl von bedeutenden Investoren einer *liquidity* Orientierung folgen sollte und diese das Management eines Unternehmen für ein aus ihrer Sicht falsches Verhalten durch den Verkauf ihrer Anteile bestrafen wollten, käme es zu einem Preisverfall, der sich sehr negativ auf die erhoffte Renditeziele auswirken würde. Entsprechend kann der im illiquiden Markt verlustreiche Verkauf von Anteilen auch kein wirksames Drohmittel gegenüber dem Management sein, um dieses zu disziplinieren bzw. um auf dieses Einfluss zu nehmen. Die Investoren müssen also, entsprechend der *control* Orientierung, neben dem Ziel der Renditemaximierung auch nach anderen Zielen streben, wie bspw. permanenten Einflussmöglichkeiten im Unternehmen (Hackethal/ Schmidt 2000: 14).
In den 70er und 80er Jahren kam es, wie bereits an anderer Stelle angemerkt, überwiegend zu Unternehmenszusammenschlüssen sowie im Zuge der Wirtschaftskrise insbesondere zur Übernahme bankrotter bzw. sich im *financial distress* befindender Unternehmen. Der Markt für Unternehmenskontrolle, gemessen an dem Transaktionsvolumen, erfuhr dagegen erst in den 90er Jahren eine wachsende Bedeutung (Frémond/Capaul 2003: 5). So kam es bspw. im

[169] Vgl. Abschnitte 4.1.1.3 und 4.1.1.4 dieser Arbeit.

Bankensektor verstärkt zu Übernahmen von inländischen Banken durch ausländische Institute. In den Jahren 1998 und 1999 kam es, entsprechend der Daten von Thomson Financial, zu 56 bzw. 67 Transaktionen innerhalb der ersten drei Quartale. Das gesamte Volumen lag in den ersten drei Quartalen des Jahres 1999 bei 10,82 Mrd US $, was einer Steigerung von 452,6 Prozent gegenüber den 1,96 Mrd US $ im Jahr 1998 entsprach (Dávila/Morales 1999: 2). Ebenso berichten Lefort und Walker (1999a) von einer ab dem Jahre 1996 bis 1999 stark zugenommenen Aktivität von Fusionen und Übernahmen.[170] Dabei stellten diese weiter fest, dass die gezahlten Kontrollprämien sehr hoch und darüber hinaus ungleich verteilt waren, weshalb die Forderungen in der Öffentlichkeit zu einer Neuregelung der *Ley de OPAs* (Ofertas Públicas de Adquisición) immer lauter vorgetragen und schließlich im Oktober 2000 umgesetzt wurden (Lefort/Walker 1999a: 102).[171] Auch Clarke (2000) erwähnt in diesem Zusammenhang, dass die gesetzlichen Regelungen bis zur Umsetzung der neuen *Ley de OPAs* nicht ausreichten, um die Interessen der *Outsider* zu schützen (Clarke 2000: 9). Dabei ist insbesondere der Anstieg des Transaktionsvolumens im Jahr 1999 dadurch zu erklären, dass man die erwartete Neuregelung des Übernahmegesetzes im Jahr 2000 durch eine vorzeitige Abwicklung der Transaktionen umgehen wollte (Frémond/Capaul 2003: 1). Wie sich das Transaktionsvolumen nach der Neuregelung langfristig entwickelt, bleibt vorerst abzuwarten.[172] Die Jahre 2001 und 2002 zeigten jedoch bereits einen deutlichen Rückgang, was obige Argumentation als Erklärung für die relativ hohe *M&A* Tätigkeit im Jahre 1999 bestätigt sowie das Bild eines relativ inaktiven Marktes für Unternehmenskontrolle über die letzten drei Dekaden hinweg vervollständigt.[173]

Abschließend soll noch auf die Rolle der AFPs als institutionelle Investoren bei der Unternehmenskontrolle eingegangen werden. Wie bereits im Abschnitt 4.3.4 dargelegt, spielen die AFPs aufgrund der enormen finanziellen Mittel, die ihnen zur Verfügung stehen, als institutionelle Investoren im chilenischen Finanzsystem eine bedeutende Rolle. Durch die bestehenden Investment Restriktionen, die eine ausgeprägte Diversifizierung des Portfolios zur Risikostreuung fordern, sind die AFPs jedoch, verglichen mit der Menge der von ihnen verwalteten

[170] Entsprechend ihrer Zahlen stieg das Transaktionsvolumen von 3,147Mrd US $ (1996) auf 9,120 Mrd US $ im Jahr 1999 an.

[171] Für die gesetzlichen Änderungen der Neuregelung siehe Agosin, M. / Pastén, E. (2003), S. 6 und Frémond, O. / Capaul, M. (2003), S. 5f.

[172] Es sei angemerkt, dass auch das M&A Volumen einem sehr zyklischen Verhalten unterliegt.

[173] Daten von Reuters belegten einen starken Rückgang des Transaktionsvolumens. Im Jahr 2001 betrug dieses noch knapp die Hälfte, 2002 weniger als ein Drittel des Anteils aus dem Jahr 1999 – vgl. Finanzas, Internetportal (1).

Finanzmittel, in ihrer Einflussnahme auf die Unternehmen sehr limitiert. Ihnen ist es untersagt, als *monitor* Einfluss auf das entsprechende Unternehmen auszuüben, sich mit anderen Aktionären oder AFPs zusammenzuschließen und somit zusammen einen größeren Einfluss auf das Unternehmen zu erlangen sowie sich öffentlich über die verfolgte Unternehmensstrategie zu äußern (Iglesias-Palau 2000: 117ff). Damit reduziert sich ihr Einfluss bezüglich der Corporate Governance auf die Einberufung und Ausübung der vorhandenen Stimmrechte in den Aktionärsversammlungen, auf das gerichtliche Klagen gegen das Unternehmen bzw. das Management für den Fall, dass dieses dazu Anlass geben sollte, sowie auf die im illiquiden Aktienmarkt nicht wirklich glaubhafte Drohung, ihre Beteiligungen an dem Unternehmen zu verkaufen (Iglesias-Palau 2000: 116-119). Der für Aktien bestehende Höchstanteilswert von 37 Prozent am Portfolio sowie der bei 7 Prozent festgelegte maximale Anteilswert an einem einzelnen Emittenten sind weiter dafür ausschlaggebend, dass die AFPs in die Rolle eines Minderheitsaktionärs gedrängt werden (Agosin/Pastén 2003: 7f).[174]

Was also im Sinne der Risikodiversifizierung als sinnvoll erachtet werden kann, ist unter dem Gesichtspunkt der Corporate Governance als suboptimal zu bezeichnen. Aus gesamtwirtschaftlicher Perspektive betrachtet, geht dem Finanzsystem damit ein nicht zu unterschätzendes Stück an Effizienz verloren, weshalb von unterschiedlichen Seiten eine Änderung der bestehenden gesetzlichen Rahmenbedingungen als durchaus sinnvoll erachtet wird (Agosin/Pastén 2003: 7).

5.1.3 Indizien für die Modi Outside Opportunities bzw. Inside Influence

Einleitend zu diesem Abschnitt soll erwähnt werden, dass trotz aufwändiger Recherche kaum direkt verwertbare Informationen zur Klärung der vorliegenden Fragestellung gefunden wurden. Um sich jedoch trotzdem der Thematik anzunähern, werden im Folgenden die Machtverhältnisse zwischen Arbeitgebern und Arbeitnehmern bzw. Gewerkschaften analysiert sowie weitere Anhaltspunkte für das Vorliegen des einen oder anderen Modus dargestellt.

Trotz der vielen nachteiligen Bestimmungen, welche die seit dem Jahr 1924 gültigen Arbeitsgesetze zunächst für die Gewerkschaften beinhalteten, ist der Zusammenschluss der Arbeitnehmer und deren Organisation in der Gewerkschaftsbewegung spätestens seit den 50er Jahren zu einem beträchtlichen soziopolitischen Machtfaktor geworden (Imbusch 1997: 229). Den absoluten Höhepunkt der organisierten Arbeiterbewegung stellte die Regierungszeit Salvador Allendes (1970-1973) dar, in der die hoch politisierten Gewerkschaften über ihren zentralen Dachverband quasi Teil der Regierungsallianz wurden

[174] Für eine ausführliche Darstellung aller geltenden Restriktionen siehe auch SAFP, Internetportal (1)

(Imbusch 1997: 229). Die starke Stellung der Bewegung in dieser Zeit lässt sich auch durch hohe Mitgliederzahlen (30 Prozent aller Erwerbstätigen) sowie die hohe Anzahl der Streiks nachvollziehen, durch die die Arbeitnehmer ihre Rechte gegenüber den Arbeitgebern verteidigten.

Mit dem Militärputsch am 11. September 1973 kam es jedoch im Zusammenhang mit einer neuartig ausgerichteten, neoliberalen Wirtschaftspolitik zu einer grundlegenden Umstrukturierung der Arbeitsbeziehungen in Chile.[175] In den ersten Jahren der Militärdiktatur Pinochets wurde zunächst die bestehende Arbeitsgesetzgebung, welche die gesetzliche Grundlage für die Aktivität der Arbeiter- und Gewerkschaftsbewegung darstellte, außer Kraft gesetzt, was einem Verbot dieser Gruppierungen gleichkam. Erst im Jahre 1979 wurde unter dem *plan laboral* eine neue Gesetzgebung als Gegenstück zu der staatlichen Vision der Arbeitsbeziehungen in der Vergangenheit verabschiedet. Diese Gesetzgebung reglementierte die Aktivität der Gewerkschaften sehr stark und zielte insgesamt auf eine Flexibilisierung des Arbeitsmarktes und eine Lockerung der Arbeitsschutzbestimmungen ab. Als einer der fundamentalsten Einschnitte gilt dabei die Neuregelung, dass Tarifverhandlungen strikt auf betrieblicher Ebene zu treffen sowie eng an die Produktivität zu koppeln sind, wohingegen die bisher gängige Praxis der Kollektivverhandlung, die prinzipiell die stärkste Macht der Arbeitnehmer zur Durchsetzung ihrer Interessen darstellt, streng reglementiert wurde.[176]
Im Laufe der 80er Jahre wurde entsprechend liberaler Vorstellungen weiterhin versucht, Mitarbeiter zu motivieren, sich durch Aktienerwerb an den Unternehmen zu beteiligen, um damit Anreize zu setzen, die zur positiven Entwicklung der Firmen beitragen konnten, wovon dann auch die Arbeitnehmer profitieren sollten. Insbesondere in der zweiten Privatisierungswelle (1985-89) wurde versucht, Mitarbeiter zu Anteilshaltern werden zu lassen (Manasevich/ Arroyo 1992: 125). In diesem Zusammenhang, der als *Capitalismo Popular* bezeichnet wird, wurden verschiedene Finanzierungsprogramme erarbeitet, um den Arbeitnehmern eine solche Investition zu ermöglichen.[177] Aufgrund der bereits festgestellten hohen Konzentration der Eigentümer kann jedoch nicht davon ausgegangen werden, dass deren aggregierte Anteile ausreichten, um ein angemessenes Mitspracherecht innerhalb der Unternehmen zu erlangen.[178]

[175] Für eine ausführliche Darstellung der wirtschaftspolitischen Hintergründe der Entwicklung des Finanzsystems in Chile siehe Kapitel 6.
[176] Für eine ausführliche Darstellung der sich aus dem „plan laboral“ ergebenden Flexibilisierung des Arbeitsmarktes siehe Imbusch, P. (1997), S. 233-239
[177] Bspw. versuchte man, die durch bisherige Arbeitszeit entstandenen Abfindungsansprüche der Mitarbeiter mit Aktien zu verrechnen – vgl. Manasevich, R. / Arroyo, L. (1997), S. 125.
[178] Vgl. zu den festgestellten hohen Eigentümerstrukturen Abschnitt 5.2.1.

Mit der seit Oktober 2000 bestehenden *Ley de OPAs* wird zur Verstärkung der Corporate Governance Mechanismen die Gründung eines Aufsichtsrates gefordert (Clarke 2003: 4). Jedoch wurden keinerlei Hinweise auf eine gesetzlich geforderte Arbeitnehmervertretung in diesem, wie das in Deutschland der Fall ist, festgestellt.[179]

Generell lässt sich für die Analyse der Machtverhältnisse zwischen Arbeitnehmern und Arbeitgebern ein vollständig verändertes Bild feststellen. Dabei stellen die aus der radikalen Periode des Neoliberalismus (1974-80) stammenden Veränderungen des nach amerikanischer Schule verlaufenen Entwicklungsmodells den Ursprung des sich zu Gunsten der Arbeitgeber verschobenen Kräfteverhältnisses dar und deuten auf eine Ähnlichkeit zum amerikanischen System der *outside opportunities* hin. Die Auswirkungen dieser Umstrukturierung sowie das sich mit dem *plan laboral* verschobene Kräfteverhältnis zu Gunsten der Arbeitgeber haben dabei bis zum heutigen Tag Bestand (Imbusch 1997: 246).

5.2 Das Rechtssystem Chiles und die Rolle des Staates

5.2.1 Aktionärsschutz in Chile

Aufgrund der bereits dargestellten sehr hohen Konzentration der Eigentümer ist die Lösung des entstehenden Konflikts zwischen großen Anteilseignern und Kleinaktionären bzw. der Schutz der Kleinaktionäre von besonderem Interesse. Bezüglich des Grades des verwirklichten Aktionärsschutzes lassen sich hinsichtlich des Ursprungs des Rechtssystems das englische von dem französischen als polare Ausprägungen unterscheiden. Dabei zeigt das englische Rechtssystem bzw. das common law grundsätzlich den höchsten Schutz für die Aktionäre (LaPorta et. al. 1997: 1132). Das chilenische Rechtssystem hat, ebenso wie das aller anderen lateinamerikanischen Staaten, seinen Ursprung im französischen Rechtssystem, in dem der Aktionärsschutz im internationalen Vergleich am niedrigsten ausgeprägt ist (Frémond/Capaul 2000: 2).

Trotz dieses eher aktionärsfeindlichen Ursprungs ist der Schutz der Aktionäre in Chile, insbesondere in den letzten Jahren, nicht zuletzt durch den erheblichen Druck von Seiten der institutionellen Investoren weitreichend verbessert worden (Agosin/Pastén 2003: 5). Den Ausgangspunkt dieser Entwicklung bildete die Neuauflage des Wertpapiermarktgesetzes und des Unternehmensrechts im Jahr 1981, die beide in den Jahren 1989 und 1994 erweitert wurden (Frémond/Capaul 2003: 1). Der Einfluss der US-amerikanischen Gesetzgebung auf die Neuauflagen ist dabei unverkennbar. Schließlich wurden die Gesetze in der im Jahr

[179] Die Aufgaben und Pflichten des Aufsichtsrates ähnelten dabei jedoch denen in Deutschland – vgl. Clarke de la Cerda, A. (2003), S. 5.

2000 erlassenen Ley de Ofertas Públicas de Adquisición (D.L. N° 19.705) weiter ausgebaut und zusammengefasst (Frémond/Capaul 2003: 2).

Um einen Eindruck von der Stellung der Aktionäre zu bekommen, sollen im Folgenden sog. anti-director rights betrachtet werden, die zum heutigen Status Quo in Chile erfüllt bzw. nicht erfüllt werden. Diese stellen Maßnahmen dar, welche die Aktionäre als die eigentlichen Eigentümer der Unternehmen vor den Managern schützen sollen.

(1) Das *one-share-one-vote*-Prinzip ist als Standardregelung in Chile gesetzlich vorgeschrieben. Um von diesem abzuweichen, ist ein mit 75-prozentiger Mehrheit gefasster Beschluss auf der Aktionärsvollversammlung nötig, der das Unternehmen dazu berechtigt, verschiedene Klassen von Aktien auszugeben. Zwar haben wir bereits eine sehr hohe Eigentümerkonzentration bei den chilenischen Firmen festgestellt, so dass sich in vielen Fällen sicherlich eine 75-prozentige Mehrheit akkumulieren ließe, in der Realität zeigt sich jedoch, dass diese Praxis in der Unternehmenslandschaft nicht sehr weit verbreitet ist. Lediglich 21 der im Dezember 1999 insgesamt 281 öffentlich gehandelten Unternehmen wiesen mehrere Klassen von Aktien auf (Walker/Lefort 2000: 12).

(2) Weiter ist nach chilenischem Recht ein 5-prozentiger Anteil an Aktien nötig, um eine außerordentliche Aktionärsversammlung einzuberufen (Agosin/Pastén 2003: 6). Dieser im internationalen Vergleich sehr niedrige Prozentsatz kommt kleinen Aktionären entgegen.[180] Damit liegt Chile selbst unter dem Durchschnitt der Länder, die ihren Ursprung im englischen Rechtssystem haben.[181]

(3) Die Stimmrechte der einzelnen Aktionäre werden fünf Tage vor einer Aktionärsversammlung festgestellt (Escobar 2000: 13). Dabei schreibt weder das Handelsrecht noch das Unternehmensrecht eine Blockierung der Aktien nach der Vergabe der Stimmrechte vor, um von diesem Gebrauch machen zu können.[182] Dadurch verlieren schließlich all diejenigen Aktionäre ihr Stimmrecht nicht, welche die Möglichkeit eines kurzfristigen Verkaufs ihrer Anteile nicht gegen die Ausübung ihres Stimmrechts eingetauscht hätten (LaPorta et. al 1998: 1127). Da die großen Anteilshalter einerseits nicht die Flexibilität besitzen, ihre großen Anteile über den illiquiden chilenischen Aktienmarkt zu veräußern und sie andererseits nicht auf die Ausübung der Stimmrechte verzichten würden, da sie entsprechend dem *control* Modus nach Einflussnahme im Unternehmen streben, schützt diese Regelung insbesondere die Kleinaktionäre.

---

[180] Der Durchschnitt der Länder, die dem französischen Rechtssystem entstammen, liegt bei 15%, der aus dem common law entstammenden Länder bei 9%.

[181] Vgl. La Porta, R. / Lopez-de-Silanes, F. / Shleifer, A. / Vishny, R. (1998), S. 1122f, Tab. 2.

[182] Vgl. La Porta, R. / Lopez-de-Silanes, F. / Shleifer, A. / Vishny, R. (1998), S. 1122f, Tab. 2.

(4) Auch ist es den Aktionären möglich, Klagen direkt gegen das Management vor Gericht einzureichen, für den Fall, dass ihre Rechte beschnitten bzw. sie benachteiligt wurden oder in dem Fall, dass das Management seinen administrativen Pflichten nicht nachgekommen ist (Escobar 2000: 20). Diese Möglichkeit ist besonders wichtig bei Fusionen und Akquisitionen, bei denen oft versucht wird, bestimmte Gruppen von Aktionären durch den Transfer von Gewinnen zu benachteiligen. Von dieser Möglichkeit machten bisher insbesondere die AFPs Gebrauch, die in zwei spektakulären Fällen gegen das Management klagten (Escobar 2000: 17). Trotz der durch gesetzliche Regelungen beschränkten Einflussmöglichkeiten, denen die AFPs unterliegen, setzen diese institutionellen Investoren sich für ihre Rechte ein und scheuen sich, im Gegensatz zu vielen Kleinaktionären, nicht davor, mit entsprechenden Klagen vor Gericht zu ziehen.[183] So hatte die Umstellung auf das neue Rentensystem auch einen positiven Nebeneffekt auf die Effizienz der Unternehmenskontrolle in Chile, da mit den AFPs institutionelle Investoren geschaffen wurden, die zwar auf die Rolle eines Minderheitsaktionärs beschränkt sind, sich jedoch im Eigeninteresse für deren Rechte einsetzen.[184]

(5) Als weitere Maßnahme zum Schutz der Aktionäre besitzen diese ein gesetzlich geregeltes Vorkaufsrecht bei der Emission von neuen Aktien.[185] Dadurch besitzen sie die Möglichkeit ihren proportionalen Stimmenanteil aufrecht zu erhalten.

(6) Auch sind Minderheitsaktionäre durch Mechanismen wie *cumulative voting* oder die Zusage einer proportionalen Vertretung im Vorstand der Unternehmen entsprechend ihrer Anzahl vertreten.[186]

Nach der Betrachtung der in Chile erfüllten *anti-director rights* muss betont werden, dass Abstimmungen per Briefwahl in Chile jedoch nicht zugelassen sind. Das Stimmrecht ist an die persönliche Präsenz der Aktionäre in der Haupt-

[183] So klagten die AFPs bspw. in zwei spektakulären Fällen gegen die Übernahme von Firmen bzw. gegen die Zustimmung des Managements zu diesen, die deutlich zu Lasten der Minderheitsaktionäre ging. Diese beiden Fälle waren bekannt geworden unter dem „Chispas-case“, bei dem der Klage der AFPs stattgegeben wurde und der „Terra-case“, dessen Verfahren noch andauert. Für eine detaillierte Darstellung der Fälle siehe auch Frémond, O. / Capaul, M. (2003), Anhang D und Agosín, M. / Pastén, E. (2003), S. 8f.

[184] Im Jahr 1990 stellten in 98,4 Prozent der Fälle eine der AFPs den größten Minderheitsaktionär dar. 1998 waren es durch zunehmende Investitionen aus dem Ausland und ADR-Programme im Ausland, durch welche an diesen Kapitalmärkten auch verstärkt große Minderheitsaktionäre entstanden, nur noch 27,8% - vgl. Lefort, F. / Walker, E. (2000), S. 21 und 24.

[185] Vgl. La Porta, R. / Lopez-de-Silanes, F. / Shleifer, A. / Vishny, R. (1998), S. 1122f, Tab. 2.

[186] Vgl. La Porta, R. / Lopez-de-Silanes, F. / Shleifer, A. / Vishny, R. (1998), S. 1122f, Tab. 2.

versammlung geknüpft.[187] Da oftmals für Kleinaktionäre gilt, dass deren Opportunitätskosten der geforderten persönlichen Anwesenheit die aus der Teilnahme resultierenden möglichen Vorteile übersteigen, verlieren viele dadurch quasi ihr Stimmrecht.

Wie bereits im Kapitel 4 betrachtet, emittierten chilenische Unternehmen ab Mitte der 90er Jahre auch zunehmend an ausländischen Börsen Eigenkapital. Bis zum Oktober 2000 galt die Regelung, dass für die Abstimmungen bei Aktionärsversammlungen alle im Ausland emittierten Stimmrechte der ADR-Aktien auf den Vorstandsvorsitzenden der Gesellschaft übergingen, wodurch die Emission von ADR-Aktien im Ausland eine noch stärkere Machtkonzentration bezüglich der Unternehmenskontrolle zur Folge hatte (Agosin/Pastén 2003: 6). Entsprechend konnte die Emission von ADR-Aktien im Ausland nur im Interesse der Unternehmensleitung sein. Mit der neuen Gesetzgebung zur Corporate Governance, die vom chilenischen Kongress im Oktober 2000 verabschiedet wurde, werden den Aktionären im In- und Ausland jedoch schließlich die gleichen Rechte eingeräumt (Frémond/Capaul 2003: 2).

Von dem oben erläuterten Quasi-Stimmrechtsverlust vieler Kleinaktionäre durch die noch immer nicht zugelassene Briefwahl zur Ausübung des Stimmrechts sind jedoch Aktionäre im Ausland in besonderem Maße betroffen, da diesen bei weitem höhere Kosten bzw. Opportunitätskosten entstehen, um von ihrem Stimmrecht Gebrauch zu machen. Folglich verlieren große Anteilseigner weniger Stimmrechte durch die Emission von Aktien im Ausland, als wenn dies in Chile passiert. Aus diesem Grund ist diese seit Anfang der 90er Jahre bestehende Möglichkeit der Emission von EK im Ausland, neben der bestehenden Illiquidität der chilenischen Aktienmärkte, für große Anteilseigner in besonderem Maße attraktiv.

5.2.2 Schutz der Kreditgeber in Chile

Wie für den betrachteten Schutz der Aktionäre gilt auch für die Rechte der Kreditgeber prinzipiell ein Zusammenhang zwischen dem Ursprung eines Rechtssystems und der Ausgestaltung der Rechte der Kreditgeber (LaPorta et al. 1998: 1138). Länder, die wie Chile ihren Ursprung in dem französischen Rechtssystem haben, gewähren den Kreditgebern dabei die wenigsten Rechte.

Nach dem chilenischen Insolvenzrecht (Derecho de Quiebras), welches im Gesetz No. 18.175 geregelt ist, entsteht im Insolvenzfall eine Unteilbarkeit der Aktiva und Passiva, deren Verwaltung einem Insolvenzsyndikat zur Liquidation übertragen wird. Ein Insolvenzantrag kann von einem möglichen Schuldner oder von einem bzw. mehreren Gläubigern gestellt werden. Nach der Studie von LaPorta et. al (1998) liegen im chilenischen Insolvenzrecht eingebettet jedoch Restriktionen vor, die die Zustimmung der Gläubiger zum Insolvenzverfahren

[187] Vgl. Agosin, M. / Pastén H. (2003), S. 6 und LaPorta, R. / Lopez-de-Silanes, F. / Shleifer, A. / Vishny, R. (1998), S. 1122f, Tab. 2.

vorschreiben.[188] Weiter sind die Rechte der Gläubiger dadurch geschützt, dass diese bei entsprechend abgeschlossenen Verträgen ihre primären Zahlungsansprüche gegenüber dem Unternehmen bei der Verteilung der verbleibenden Konkursmasse geltend machen können.[189] Andere Gläubigerrechte, wie der automatische Austausch des Managements zu Beginn des Insolvenzverfahrens gegen eine vom Gericht oder durch die Gläubiger bestimmte Person, sowie Restriktionen, die einen *automatic stay on assets* unterbinden, liegen in Chile jedoch nicht vor. Zu den Kosten eines Insolvenzverfahrens wurden bedauernswerter Weise keine Informationen gefunden.

5.2.3 Informations- und Publizitätspflichten in Chile

Die Publikationspflichten chilenischer Unternehmen sehen die Veröffentlichung des Jahresabschlusses zum 31.12 eines jeden Jahres vor. Dieser hat die Bilanz des Unternehmens, die Gewinn- und Verlustrechnung sowie den Bericht des Abschlussprüfers zu beinhalten (Escobar 2000: 3). Weiter ist ein Jahresbericht zu verfassen, der die wichtigsten Entwicklungen der einzelnen Geschäftsbereiche zusammenfasst und somit alle wichtigen Hintergrundinformationen zu der veröffentlichten Bilanz liefern muss.[190] Auch müssen Quartalsberichte verfasst werden, die spätestens 30 Tage nach Ablauf der Quartale bei der *Superintendancia de Valores y Seguros (SVS)* einzureichen sind, von deren Website diese dann der Öffentlichkeit zugänglich sind (Escobar 2000: 4).
Eine entsprechende Meldepflicht bei der SVS besteht auch für alle Informationen, die für das Unternehmen an sich, dessen Aktivitäten in einzelnen Geschäftsbereichen oder für die emittierten Wertpapiere relevant sind (Escobar 2000: 4). Ausnahmen von der Publikationspflicht dieser Informationen können jedoch erfolgen, wenn 75 Prozent der Mitglieder des Vorstandes gegen eine Veröffentlichung dieser Informationen stimmen (Agosin/Pastén 2003: 6). In diesem Fall wird die Information der Öffentlichkeit quasi „vorenthalten", was möglich ist, wenn sich das Unternehmen noch in Verhandlungen über einen vermeintlichen Tatbestand befindet und eine vorzeitige Veröffentlichung dieser Information zur Schädigung des Unternehmens führen könnte (Escobar 2000: 25f). Trotz dieser Einschränkung ist es gewissen *Insidern* eher möglich, an solche reservierten Informationen zu kommen und dadurch ihre Interessen zu schützen bzw. Einfluss auf sich noch in der Schwebe befindende Entscheidungen zu nehmen. Im Gegensatz dazu sind die Aktionäre vor einem daraus resultierenden *Insider trading* gemäß der Artikel 164, 165 und 166 des Wertpapiergesetzes, welches dieses als Gesetzesverstoß mit Gefängnisstrafen zwischen 65 Tagen und 5 Jahren bestraft, geschützt (Escobar 2000: 26ff).

[188] Vgl. La Porta, R. / Lopez-de-Silanes, F. / Shleifer, A. / Vishny, R. (1998), S. 1122f, Tab. 4.
[189] Vgl. La Porta, R. / Lopez-de-Silanes, F. / Shleifer, A. / Vishny, R. (1998), S. 1122f, Tab. 4.
[190] Zu weiteren inhaltlichen Vorschriften in Bezug auf den Jahresabschluss-Bericht siehe auch Escobar, R. (2000), S. 3.

Nach chilenischem Unternehmensrecht gelten in Chile die chilenischen *Generally Accepted Accounting Principles* (GAAP), die sich in ihren Grundsätzen nicht wesentlich von denen des US-GAAP unterscheiden (Escobar 2000: 6). Angepasst werden die Rechnungslegungsprinzipien nach dem Gesetzesdekret 3.538 von der *Superintendancia de Valores y Seguros* (SVS), wobei das Grundsatzprinzip, ebenso wie bei den US-GAAP, in der Bestimmung und Abbildung des realen Wertes bzw. des *fair value* des Unternehmens besteht (Escobar 2000: 6).
Mit den zum Ende der 80er Jahre und insbesondere zum Ende der 90er Jahre verstärkt geforderten Informations- und Publikationspflichten der Unternehmen ist von staatlicher Seite durch die verschärftere Gesetzgebung einiges dafür getan worden, für mehr Transparenz zu sorgen und damit starke Informationsasymmetrien zwischen den großen Anteilseignern und den kleineren Investoren bzw. Aktionären abzubauen. Dies gilt auch in Bezug auf die Transparenz der noch Anfang der 80er Jahre extrem undurchsichtigen Unternehmensstrukturen (Lefort/Walker 2000: 24). Insbesondere der starke Einfluss des amerikanischen Rechts bei den Ergänzungen des Kapitalmarkt- und Unternehmensrechts in den Jahren 1989, 1994 und 2000 sorgten dabei für eine Erhöhung der Transparenz für die Investoren und deutet auf einen zunehmenden Trend der Informationsexternalisierung hin.[191]

Auch die Einführung des neuen Rentensystems im Jahre 1981 hatte einen positiven Nebeneffekt auf die Verfügbarkeit von Informationen im chilenischen Finanzsystem. Wie bereits erwähnt, wurden Aktien als Investitionsalternative für die AFPs ab dem Jahr 1985 schrittweise zugelassen.[192] Zu diesem Zeitpunkt trafen die AFPs aufgrund der noch sehr geringen Menge an verfügbarem Datenmaterial ihre Investitionsentscheidungen auf der Basis der internen *Research* Abteilungen. Mit der wachsenden Bedeutung der von den AFPs verwalteten Mittel sowie einer sich enorm verbesserten Informationstechnologie entstanden jedoch zunehmend auf die Informationsbeschaffung und Aufarbeitung spezialisierte Unternehmen (Iglesias-Palau 2000: 127f). Auch wurden *Research* Abteilungen der Investmentbanken und Aktienbroker gegründet bzw. ausgebaut, um den AFPs bei der Investitionsentscheidung mit qualitativ hochwertiger Information „zur Seite zu stehen" bzw. dadurch Geschäfte mit diesen generieren zu können. Durch die wachsende Anzahl institutioneller Investoren, die in den 90er Jahren auch verstärkt aus dem Ausland investierten, und die wachsende Notwendigkeit von Informationen, mussten auch die Unternehmen, die den Kapitalmarkt als Finanzierungsquelle nutzen wollten, diesen erhöhten

[191] Der starke Einfluss des amerikanischen Rechts wird auch von Escobar, R. (2003), S. 2 bestätigt.
[192] Vgl. Abschnitt 4.3.4.2 dieser Arbeit.

Anforderungen entsprechen. Dadurch wurde der Markt mit einer steigenden Quantität und Qualität von Informationen versorgt, wodurch die Kosten des *monitoring* sanken und schließlich auch die Öffentlichkeit profitierte (Iglesias-Palau 2000: 127f).
Der Trend zur Informationsexternalisierung wird auch dadurch unterstützt, dass es chilenischen Unternehmen ab dem Jahr 1994 erlaubt ist, auch Wertpapiere an ausländischen Kapitalmärkten zu platzieren, wobei insbesondere die Börse in New York frequentiert wird.[193] Entsprechend müssen diese Unternehmen auch die dort bestehenden hohen Informations- und Publikationspflichten dieser Märkte erfüllen. Wie im allgemeinen Teil bereits erläutert, liegt im Falle der USA ein System der Informationsexternalisierung vor, von dem, dank der Existenz moderner Informationstechnologien, auch die Investoren in Chile von der Vielfalt dieser Informationen sowie der angelegten Qualitätsstandards profitieren. Es ist daher anzunehmen, dass es bezüglich der Publikations- und Informationsverhaltensweisen durchaus Unterschiede gibt zwischen solchen Unternehmen, die sich auch über die internationalen Kapitalmärkte finanzieren und anderen, die dies nicht tun.

Ungeachtet der Frage, ob die staatlichen Reglementierungen und Vorschriften dazu ausreichten, dass heute von einer Externalisierung von Information gesprochen werden kann, so herrschte ausgehend von den 70er Jahren eine deutliche Informationsinternalisierung vor, bis im Laufe bzw. zum Ende der 90er Jahre die quantitativen und qualitativen Standards in Chile deutlich anstiegen.

5.2.4 Synergien aus Enforcement und Corporate Governance

Es besteht ein weit gehender Konsens darüber, dass sich ein unangemessenes Maß an Unternehmenskontrolle und unausgefeilte Kontrollmechanismen nicht nur auf das ökonomische Wachstum eines Landes auswirken, sondern dass zudem die Wahrscheinlichkeit für schwere wirtschaftliche Krisen steigt (Hernandez/Schmidt-Hebbel 2001: 5). Im Fall Chiles spielte weiter die Qualität der Bankenaufsicht eine bedeutende Rolle, da es zwischen dem verschärften Enforcement zu positiven, die Corporate Governance betreffenden Synergieeffekten kam (Agosin/Pastén 2003: 14).

Die betrachteten drei Dekaden der Entwicklung des chilenischen Finanzsystems können, bezüglich der Effektivität der Bankenaufsicht, in die Zeit vor der Bankenkrise, die sich ab dem Jahr 1982 ereignete, und eine Zeit danach unterteilt werden. Die SBIF, die als Bankenaufsicht in Chile operiert, wurde bereits im Jahr 1925 gegründet (Arriagada/Romero 2001: 316). Im Zuge der ab dem Jahr 1974 erfolgten Liberalisierung der Finanzmärkte wurden jedoch die

[193] Vgl. zur Emissionstätigkeit chilenischer Unternehmen Abschnitt 4.1.1.2 dieser Arbeit.

Kontrollmechanismen sowie die Vorschriften, welche von der SBIF als Bankenaufsicht erlassen wurden, nicht den veränderten Bedürfnissen angepasst. Insbesondere ein geeignetes Risikomanagement wurde von den existierenden Finanzinstituten nicht gefordert.[194] Auch waren, wie bereits angedeutet, die einzelnen Institute bzw. die bestehenden Konglomerate dazu fähig, die aufgenommenen Ressourcen entsprechend ihrer wechselnden Zielsetzungen zu verwenden (vgl. Abschnitt 5.1.1). Als direkte Auswirkungen einer solchen Praxis für die Corporate Governance wurden die Investoren, wie bspw. die Aktionäre einzelner Unternehmen oder Banken, quasi dazu genötigt, Risiken zu übernehmen, die durch die ausschließlich von den Managern der Konzerne getroffenen Investitionsentscheidungen und den daraus resultierenden neuen Strukturen der Unternehmen erst entstanden sind und die sie zum Zeitpunkt ihrer Beteiligung an dem Unternehmen oder an der Bank gar nicht tragen wollten (Agosin/Pastén 2003: 11).
Als Folge der zum Ende des Jahres 1982 beginnenden Bankenkrise wurde eine von Grund auf verbesserte Bankenaufsicht sowie ein strengeres staatliches Enforcement gefordert, da von vielen Seiten erkannt wurde, dass die entstandenen Schäden der Bankenkrise durch gewisse Maßnahmen durchaus hätten vermieden werden können.[195] Entsprechend dieser Forderungen hat sich die Qualität der Bankenaufsicht bis zum heutigen Tage stark verbessert und ist ungleich differenzierter und effizienter geworden.[196] Durch ein ausgefeilteres gesetzliches Regelwerk sowie eine strenger agierende Bankenaufsicht wurden auch Unternehmensstrukturen, wie sie noch zu Anfang der 80er Jahre Bestand hatten und die für einzelne Investoren absolut undurchsichtig waren, unterbunden.[197] Kreditbeziehungen zwischen Banken und sog. *related parties* die noch im Vorfeld der Krise florierten, wurden mit einer im Jahr 1986 erlassenen Änderung der *Ley General de Bancos* verboten (Frémond/Capaul 2003: 2). Die Einstufung als *related party* wird durch die SVS vorgenommen und erfolgt bei einem positiven Befund von einem der im Wertpapiergesetz dargestellten Kriterien.[198]

Entsprechend ergaben sich im Fall Chiles Synergien zwischen einer verbesserten Bankenaufsicht und Verbesserungen bezüglich der Corporate

[194] Siehe dazu auch Abschnitt 6.4 dieser Arbeit oder Agosin, M. / Pastén, E. (2003), S. 10.
[195] Zu einzelnen Verbesserungen in der Bankenaufsicht vgl. Agosin, M. / Pastén, E. (2003), S. 11.
[196] Für eine ausführliche Darstellung der heutigen Bankenaufsicht, deren Prinzipien, des zugrunde liegenden Fokusses, der von ihr kontrollierten Aspekte sowie deren neuen Herausforderungen siehe Arriagada, G. / Romero, L. (2001), S. 315-326.
[197] Zu dem Ausmaß an Kreditbeziehungen zu sog. *related parties* siehe auch Larrain, M. (1989), S. 11.
[198] Für eine genaue Darstellung der Kriterien siehe Escobar, R. C. (2000), S. 8f.

Governance, da sich durch das Unterbinden der bis zum Anfang der 80er Jahre bestehenden Strukturen von Seiten der Bankenaufsicht zum einen die Transparenz der vorher undurchsichtigen Unternehmensstrukturen erhöhte und zum anderen Anteilseigner und Aktionäre vor Willkür der Manager geschützt wurden (Agosin/Pastén 2001: 14).

5.3 Zusammenfassung und theoretische Auswertung der Ergebnisse

Im ersten Teil dieses Kapitels über die Corporate Governance haben wir insbesondere bis zum Ende der 80er Jahre starke Anzeichen für *relationship lending* Beziehungen zwischen Banken und Unternehmen feststellen können, von denen wir weiter annahmen, dass diese tendenziell bis zum heutigen Tage Bestand haben. Darüber hinaus konnten wir über die drei betrachteten Dekaden eine sehr hohe Eigentümerstruktur chilenischer Unternehmen feststellen, was uns im Zusammenhang mit der bestehenden Illiquidität der Kapitalmärkte und einer schwachen Aktivität des Marktes für Unternehmenskontrolle zu der Annahme eines vorhandenen *control* Modus in allen drei Dekaden bewegte. Auch wenn uns aufgrund des mangelnden Datenmaterials nicht möglich war, eine eindeutige Zuordnung bezüglich der Modi der *inside influence* bzw. *outside opportunities* vorzunehmen, wurden durch die Veränderungen im Laufe der Militärdiktatur doch eher Anzeichen für den letztgenannten gefunden. Dennoch ist man sich in der Fachpresse einig darüber, dass Chile über ein ausgeprägtes *Insider* Corporate Governance System verfügt.[199] Dabei verhielten sich die festgestellten Modi des *relationship lending* und des *control* Modus über die letzten dreißig Jahre komplementär zueinander.

Entsprechend dieses *Insider*-Systems waren Informationen über Unternehmen bis Mitte der 80er bzw. bis Anfang der 90er Jahre sehr rar. Bis zum heutigen Tag hat sich dieser Tatbestand jedoch zunehmend verbessert, wobei insbesondere die steigende Anzahl von institutionellen Investoren, die AFPs inbegriffen, einen positiven Effekt auf Quantität und Qualität der dem Markt und der Öffentlichkeit zugänglichen Informationen hatten.

Weiter konnten wir, trotz des französischen Ursprungs des chilenischen Rechtssystems, zum heutigen Tag einen erstaunlich hohen Grad an Aktionärsschutz in Chile feststellen. Dabei erfüllt Chile fünf der sog. *anti-director rights* und liegt damit bezüglich des Aktionärsschutzes selbst über dem Durchschnitt der Länder, die ihren Ursprung in dem als aktionärsfreundlich geltenden englischen Rechtssystem haben.[200] Für die Rechte der Gläubiger gilt

[199] Diese Meinung wird unter anderem vertreten von Agosin, M. / Pastén, E. (2003).

[200] Der Durchschnitt der Länder mit Ursprung im englischen Rechtssystem lag bei 4 erfüllten anti-director rights, der der Länder mit Ursprung im französischen Rechtssystem lag bei 2,33 – vgl. La Porta et. al.(1998), S. 1122f, Tabelle 2.

dies nur bedingt. Zwar liegt Chile auch dort über dem Durchschnitt der Länder mit einem Rechtssystem französischen Ursprungs, jedoch ist die festgestellte Abweichung zum Durchschnitt nicht so bedeutend wie bei dem Schutz der Aktionäre.[201] In diesem Zusammenhang haben sicherlich die aufgetretenen Skandalfälle von Unternehmenskäufen zum Ende der 90er Jahre dazu beigetragen, die Öffentlichkeit für das Thema der Corporate Governance zu sensibilisieren und mit der *Ley de OPAs* im Oktober 2000 bessere Standards durchzusetzen.[202] Schließlich konnten im Fall Chiles zwischen der seit Mitte der 80er Jahre verschärft agierenden Bankenaufsicht, dem von staatlicher Seite verschärften Enforcement und der Corporate Governance erhebliche Synergieeffekte festgestellt werden.

Betrachtet man weiter die Ergebnisse aus Kapitel 4, in dem das chilenische Finanzsystem über die letzten drei Dekaden tendenziell als bankenorientiert charakterisiert wurde, verhalten sich also die Elemente Unternehmensfinanzierung und Corporate Governance durchaus komplementär zueinander. Die zunehmenden Anzeichen für einen *outside opportunities* Modus, der jedoch nicht definitiv festgestellt werden konnte, stellen die einzige Komponente dar, die nicht in dieses Bild passt. Diese Konsistenz der bisher betrachteten Elemente über die letzten drei Jahrzehnte hinweg kann also durchaus als Erklärung dafür aufgefasst werden, weshalb das chilenische Finanzsystem gerade in der jüngsten Zeit sich als relativ stabil dargestellt hat und daher als Musterbeispiel für andere Entwicklungsländer gilt.

Im folgenden Kapitel soll nun verstärkt auf die Hintergründe der nachgezeichneten Entwicklung der einzelnen Elemente eingegangen werden.

---

[201] Der Durchschnitt der Länder mit Ursprung im französischen Rechtssystem liegt bei 1,58, der der Länder mit Ursprung im deutschen Rechtssystem bei 2,33 – vgl. La Porta et. al (1998), S. 1122f, Tabelle 4.

[202] Mit dieser und den vorangegangenen Gesetzen erreicht Chile eine sehr gute Position in den von Merrill Lynch geführten Corporate Governance Rankings – vgl. Frank, R. (2001), S. 1.

6 Hintergründe der Entwicklung des Finanzsystems Chiles

In dem sechsten und letzten Teil dieser Arbeit soll auf die Hintergründe und landesspezifischen Faktoren der in den vorangegangenen Kapiteln dargestellten Entwicklung des Finanzsystems über die letzten drei Dekaden eingegangen werden. Dabei sollen für den selben Zeitraum die Landesgeschichte, die zu unterschiedlichen Zeiten dominierenden politischen Strömungen und insbesondere die betriebene Wirtschaftspolitik beleuchtet werden, um zwischen diesen und der Entwicklung des Finanzsystems direkte Beziehungen heraus zu arbeiten. Die Betrachtung beginnt dabei unter Abschnitt 6.1 mit einer abrissartigen Darstellung der seit den 50er Jahren betriebenen Entwicklungsstrategien. In Abschnitt 6.2 folgt die Betrachtung der Regierungszeit Salvador Allendes (1970-73), bei der insbesondere nach den Ursachen für den am 11. September 1973 erfolgten Militärputsch gesucht sowie die Rolle des Finanzsystems in Chile bis zu diesem Zeitpunkt dargestellt wird. Abschnitt 6.3 gilt der über 16 Jahre lang andauernden Militärdiktatur Pinochets (1973-90), deren elementaren Veränderungen in der Wirtschaftspolitik und den damit verbundenen direkten Auswirkungen auf das Finanzsystem Chiles. In 6.4 werden die Jahre der wiederkehrenden Demokratie ab den 90er Jahren und deren Auswirkungen auf die Entwicklung des Finanzsystems untersucht. Abschließend werden die Ergebnisse dieses Kapitels in Abschnitt 6.5 zusammengefasst. In diesem sollen darüber hinaus auch die Aussagen der Theorie der *path dependence* und des Konzeptes der Komplementarität der in dieser Arbeit dargestellten Entwicklung des chilenischen Finanzsystems gegenübergestellt werden.

6.1 Wirtschaftspolitik im Vorfeld der 70er Jahre

Die Wirtschaftspolitik in Chile sowie die aus ihr resultierenden Förderungs- bzw. Strukturmaßnahmen im Vorfeld der 70er Jahre, die im Folgenden kurz angerissen werden sollen, waren entsprechend der politischen Machtverhältnisse sehr unterschiedlich. Das Modell der geleiteten Importsubstitution stellte dabei in Chile bis ins Jahr 1973 die generell verfolgte Entwicklungsstrategie dar (Hügle 2001: 117). Gemäß diesem Modell sollte die Produktion von bis dato importierten Industriewaren durch eine gezielte Subventionspolitik ausgewählter Wirtschaftszweige und einer von staatlicher Seite gelenkten Kreditvergabe angeregt bzw. im eigenen Land ermöglicht werden, was zu einem Anwachsen des öffentlichen Sektors, zu einer Ausweitung der sozialstaatlichen Leistungen und zu Teilerfolgen in der Wirtschafts- und Sozialentwicklung führte.[203] Von makroökonomischer Seite her waren die 50er und 60er Jahre von einer hohen Inflation, verspäteten Wechselkursanpassungen und zurückgehenden Einkünften aus den Exporten gekennzeichnet, welche durch die sich verschlechternden

---

[203] Für eine genaue Darstellung des Entwicklungsmodells siehe Hügle, W. (2001), S. 113f.

terms of trade bedingt waren. Dadurch kam es oftmals zu hohen Budgetdefiziten, der wiederholten Neuverhandlungen der Schulden und zu der Akkumulation von kurzfristigen Verbindlichkeiten durch die Regierung (WDR 1985: 15-26).
Angesichts der wirtschaftlichen Stagnation mit den Symptomen eines geringen Wirtschaftswachstums, niedriger Investitionsraten, einem Produktivitätsverfall in der Landwirtschaft, anhaltend hohen Inflationsraten, einer immer weiter steigenden Arbeitslosigkeit und der nach wie vor hohen Armut insbesondere in ländlichen Gegenden, wuchs in der chilenischen Gesellschaft ab Mitte der 50er Jahre das Bewusstsein für diese „integrale Krise“,[204] und es setzte sich sowohl auf politischer als auch auf wirtschaftlicher Ebene das Bewusstsein durch, dass es zur Lösung dieser grundlegender Reformen bedurfte (Thiery 2000: 65).

Unter diesen makroökonomisch widrigen Bedingungen befasste sich die Wirtschaftspolitik der Regierung Ibañez (1952-1958) hauptsächlich mit der Umsetzung eines Stabilitätsprogramms sowie der Durchsetzung der entsprechenden Maßnahmen zur Wiederherstellung der Preisstabilität. Dieses führte auch zu einem Rückgang der Inflation ab dem Jahre 1957, jedoch gleichzeitig zu steigenden Arbeitslosenzahlen und einem sinkenden realen Pro-Kopf-Einkommen (Spielmann 1993: 63). Unter diesen Umständen der wirtschaftlichen Stagnation wurde der Regierung die fiskalpolitische Notwendigkeit der Geldpolitik vor Augen geführt, was zur Folge hatte, dass von Plänen nach mehr Unabhängigkeit der Zentralbank wieder abgerückt wurde (Spielmann 1993: 66). In dieser Regierungsperiode wurde ebenfalls die *Banco del Estado* gegründet, die als staatlicher Akteur im Finanzsektor bis zum Begin der 70er Jahre einen beachtlichen Marktanteil erreichte (vgl. Abschnitt 4.2).

Die nachfolgende Regierung unter Alessandri (1958-1964) zielte bereits auf eine längerfristige Veränderung des politischen, sozialen und auch wirtschaftlichen Systems ab (Spielmann 1993: 17). Neben der weiteren Verfolgung der Preisstabilität waren die wirtschaftspolitischen Ziele der Regierung vorwiegend auf die Modernisierung des Wirtschaftssystems ausgerichtet. Die dabei verfolgte Strategie basierte auf Maßnahmen zur Stärkung des Privatsektors und auf einer Liberalisierung des Außenhandels bei gleichzeitiger Beschränkung des Unternehmerstaates durch den Abbau von staatlicher Regulation, Bürokratie und Preiskontrollen (Thiery 2000: 65). Trotz kurzfristiger Teilerfolge, wie höhere Wachstumsquoten des BSPs und höhere Investitionen, wurde es jedoch nicht erreicht, den Unternehmerstaat zu beschränken oder die geplanten Liberalisierungsmaßnahmen der Wirtschaft umzusetzen, und so nahm die

[204] Zum Begriff der „integralen Krise“, der auf Ahumeda zurückgeht - vgl. Huneeus, C. (1981), S. 75ff oder Hofmeister, W. (1995), S. 60f.

Bedeutung des Staates als Akteur[205] in der chilenischen Wirtschaft während seiner Regierungszeit tendenziell noch zu (Spielmann 1993: 64).

Diese Tendenz setzte sich auch in der Regierungsperiode von Präsident Frei (1964-1970) fort. Eine im Jahr 1965 durchgesetzte Steuerreform, die im besonderen Maße die wohlhabenden Chilenen belastete, führte im Zusammenhang mit angestiegenen Preisen der primären Exportgüter auf dem Weltmarkt[206] zu einer Entlastung des Staatshaushaltes, was neuen Spielraum für eine verstärkte öffentliche Investitions- und Subventionsaktivität des chilenischen Staates schuf. So erwarb der chilenische Staat in dieser Zeit bspw. die Mehrheit der in Chile operierenden US-amerikanischen Kupferminenbetreiber Kennecott und Anaconda (Agosin/Pastén 2003: 2). Ein Wirtschaftswachstum von 2,4 Prozent und 6,6 Prozent in den Jahren 1965 und ′66, begleitet von einer auf 20 Prozent zurückgehenden Inflation, ließen zumindest kurzfristig die wirtschaftspolitischen Ziele Realität werden (Hofmeister 1995: 66f).
Als hervorstechendstes Merkmal der über die letzten Dekaden verfolgten wirtschaftspolitischen Programme ist die erstaunliche Kurzlebigkeit zu nennen, durch welche sich diese, ungeachtet ihrer tatsächlichen Wirksam- und Sinnhaftigkeit, auszeichneten. So spricht auch Spielmann (1993) von einem sehr unstetigen Verlauf des ökonomischen Entwicklungsprozesses bis zum Jahr 1970 bzw. 1973 (Spielmann 1993: 70). Als Erklärung für diese Inkonsistenz kann die zunehmende Radikalisierung und Polarisierung und die damit verbundene Abnahme der Kompromissbereitschaft in der politischen Landschaft Chiles angesehen werden. So folgte nach einem Regierungswechsel, ermöglicht durch das bestehende Wahl- und Regierungssystem, meist eine vollständige Abkehr von der bis dato betriebenen Wirtschaftspolitik. Dadurch kam eine im Konsens erarbeitete, an langfristigen Zielen ausgerichtete und über verschiedene Amtsperioden kontinuierlich verfolgte Zielsetzung in der Wirtschaftspolitik nicht zustande.[207]

6.2 Die Regierungszeit Salvador Allendes (1970-1973)

Mit dem Sieg Salvador Allende Gossens als Kandidat der linksorientierten Unidad Popular (UP) bei den Präsidentschaftswahlen 1970 war der reformistische Entwicklungskurs der vorherigen Regierung noch nicht von Beginn an blockiert (Thiery 2000: 71). Allende geriet jedoch schon bald nach seinem Amtsantritt verstärkt unter innerparteilichen Druck, was ihn zu einem

[205] Als Maß diente die Höhe der Staatsausgaben und der Anteil der staatlichen Investitionen.
[206] Für Chile als zeitweise größten Exporteur von Kupfer war entsprechend insbes. der Weltmarktpreis von Kupfer von Bedeutung. So machte Kupfer bspw. im Jahr 1956 71% des Gesamtexports aus.
[207] Für ausführlichere Information zur Parteienlandschaft, zum Parteiensystem und zu der zunehmenden Radikalisierung siehe Thiery, P. (2001), S. 65-71.

radikalen Kurswechsel in der Wirtschaftspolitik zwang. Die schon im Vorfeld vorhandene extreme Regulierung und finanzielle Repression des Finanzsektors nahm während seiner Amtszeit noch stark zu,[208] was sich bspw. an staatlich festgelegten Zinssätzen, quantitativen Restriktionen bei der Kreditvergabe und an hohen staatlichen Anteilswerten an den Banken und anderen Finanzintermediären mit den daraus resultierenden Einflussmöglichkeiten zeigte (Gallego/ Loayza 2000: 5f). Bereits in den vorherigen Dekaden wurden Wachstums- und Entwicklungsimpulse nicht von eigenständig handelnden Finanzintermediären, sondern von der Regierungsebene durch staatliche Strukturmaßnahmen und Subventionspolitik zur Stärkung einzelner Bereiche der Wirtschaft erwartet (Hügle 2001: 111). Das Maß an interventionistisch geprägter Wirtschaftspolitik zeigte jedoch zwischen 1970 und 1973 seinen Höchststand (Gallego/Loayza 2000: 1).
So wurden trotz einer sehr geringen Legitimationsbasis[209] unter der sozialistisch-marxistisch orientierten Regierung Maßnahmen wie die Verstaatlichung der Wirtschafts- und Finanzpolitik in Angriff genommen, die auf eine zunehmend ablehnende Haltung der Mittelschichten stießen und zu einer radikalen Oppositionspolitik der restlichen Parteien führte (Thiery 2001: 71). Während der Regierungszeit Salvador Allendes wurden die meisten bedeutenden Industrieunternehmen sowie fast alle Banken und Versicherungsunternehmen verstaatlicht und ihre Eigentümer oder Anteilseigner zum Verkauf gezwungen oder enteignet (Agosin/Pastén 2003: 2). Die Zahl der staatlichen Unternehmen stieg dem entsprechend von 68 im Jahr 1970 bis zum Ende seiner Amtszeit auf 596 an (Hachette/Lüders 1992: 16). Dabei wurden über die *Corporación de Fomento de la Producción* (CORFO), die quasi als Holdinggesellschaft der staatlichen Beteiligungen fungierte, in 228 Fällen bereits bestehende Minderheitsbeteiligungen durch Enteignung oder Zwangsverkäufe auf 100 Prozent ausgebaut sowie in 325 Unternehmen und 18 Banken interveniert, ohne dass vorher bereits staatliche Beteiligungen existiert hätten (Hachette/Lüders 1992: 16).

Neben der darauf folgenden absoluten Blockadepolitik der Opposition, deren Möglichkeiten jedoch aufgrund des Parteiensystems sehr begrenzt waren, und dem wachsenden Unmut in immer größeren Teilen der Bevölkerung verschärfte sich zunehmend auch die wirtschaftliche Lage.[210] Dazu trug einerseits das Handelsembargo bei, das von den USA verhängt wurde, denen die marxistisch-sozialistische Regierung in Zeiten des Kalten Krieges ein Dorn im Auge war

[208] Siehe dazu auch Abbildung 20, die den „Financial Liberation Index" zeigt.
[209] Nach dem Wahlergebnis der Präsidentschaftswahlen 1970 wurde Allende mit 36,2% der Stimmen in sein Amt gewählt – knapp 40.000 Stimmen mehr als sein Herausforderer Alessandri.
[210] Für eine ausführliche Darstellung des chilenischen Parteiensystems, siehe Thiery, P. (2000), S. 66-69.

und die eine Ausbreitung auf andere lateinamerikanische Staaten befürchtete, andererseits jedoch auch die Auswirkungen der wirtschaftspolitischen Maßnahmen, die zu einem rapiden Anstieg der Inflationsrate auf teilweise über 350 Prozent führten (Stein 2001: 3). Die Wirtschaft erlahmte, Unruhen brachen aus und es entstand ein Machtvakuum, in das schließlich das Militär am 11. September 1973 stieß (Thiery 2001: 71). Dieser Militärputsch beendete schließlich mehrere Dekaden unterschiedlichster Versuche, die Entwicklungsprobleme Chiles durch Reformen wirtschaftlicher und sozialer Art auf demokratischem Wege zu lösen. Weite Teile der Bevölkerung legitimierten jedoch den Putsch durch die extreme Gespaltenheit der verfeindeten politischen Lager sowie durch die chaotischen Zustände im Land, welche auch die Wirtschaft zum Erliegen brachten (García et al. 1994: 151).

Für das Finanzsystem Chiles lässt sich also eine bis zum Jahr 1973 andauernde Phase der finanziellen Repression feststellen, die zudem einen stark interventionistischen Charakter von Seiten des Staates besaß. Die Auswirkungen dieser betrafen dabei beide Seiten der Finanzintermediation. Einerseits kam es auf der Einnahmenseite der Banken durch Kapitalflucht und dem Phänomen des „Matratzengeldes" zu niedrigen Einlagen durch Kapitalgeber, andererseits behinderten staatliche Restriktionen, wie zum Bsp. extrem hohe Mindestreservesätze,[211] zudem die Vergabe der wenigen Mittel. Im Zuge der extremen Inflationsraten und der politischen Unruhen aufgrund des Putsches zwischen 1973 und ′75 kam es zudem zu einem Einbruch der Kreditvergabe. Der über Jahre hinweg bestehende Mangel an Finanzmitteln begünstigte das Entstehen von Klientelismus und Lobbyismus (Hügle 2001: 115). Die Bedeutung der Kapitalmärkte war nicht nur absolut gesehen, sondern auch im Vergleich zu den (staatlichen) Banken marginal.[212] Ein Emissionsvolumen auf den chilenischen Kapitalmärkten existierte faktisch nicht, daher waren die Banken die einzige externe Finanzierungsquelle der Unternehmen. Darüber hinaus können alle der in diesem System agierenden privaten Akteure bzw. das gesamte Finanzsystem im Vergleich zum Weltdurchschnitt als unterentwickelt charakterisiert werden. Unter den BFI zeigte sich der Staat als bedeutender und aktiver Akteur im Finanzsystem, was sich bspw. in den hohen Anteilen an den Depositen und der Kreditvergabe der staatlichen *Banco del Estado* und auch an den hohen Aktiva der Zentralbank zeigt. Ergänzt wurde dieses unterentwickelte System von einem *Insider* Corporate Governance System, das sich komplementär zu der Dominanz der Banken bei der Unternehmensfinanzierung verhielt.

[211] Der im Jahr 1971 geltende Mindestreservesatz lag bei 52 Prozent – vgl. Hügle, W. (2001), S. 115.
[212] Vgl. Abschnitt 3.5 dieser Arbeit.

6.3 Die Militärdiktatur Augusto Pinochets (1973-1990)

6.3.1 Einleitende Bemerkung zur Militärdiktatur in Chile

Nachdem am 11. September das bis dato für unpolitisch und regimetreu gehaltene Militär unter Leitung einer Militärjunta geputscht hatte, riss der damalige Oberbefehlshaber des Heeres, General Augusto Pinochet, der bei dem Militärputsch eine Schlüsselrolle gespielt hatte, die Macht in den darauf folgenden Jahren immer mehr an sich (Weckner 2003: 75). Der Menschenleben verachtende und skrupellos vorgehende Militärapparat leitete nach und nach die aus seiner Sicht notwendigen Korrekturen in der Wirtschaft, Gesellschaft und Politik ein.

Pinochet regierte Chile unter Ausnahmerecht, bis im Jahr 1981 eine neue Verfassung in Kraft trat, die ohne oppositionelle Kontrollmechanismen und ohne Wahlregister angenommen wurde. Selbst nach dem In-Kraft-Treten der Verfassung hielten jedoch politische Verfolgung, Folter und Menschenrechtsverletzungen jeglicher Art an (Weckner 2003: 75). Die Verfassung von 1981 beinhaltete eine Klausel, die eine Volksbefragung über die Fortführung der Diktatur nach 8 Jahren, d.h. im Jahr 1988, vorsah. Schließlich sprach sich die Mehrheit von 54,7 Prozent der chilenischen Bevölkerung in diesem Jahr gegen das weitere Bestehen der Diktatur und für die Wiedereinführung der Demokratie aus, wodurch der Weg zu freien Wahlen im darauf folgenden Jahr geebnet wurde (Cañas-Kirby 1993: 184f). Zum Jahresende 1989 ging der Christdemokrat Patricio Aylwin als Spitzenkandidat einer Mitte-Links-Koalition mit einem überraschend hohen Wahlergebnis von 55,1 Prozent der Stimmen als Sieger hervor (Cañas-Kirby 1993: 209f). Im März 1990 trat dieser schließlich das Amt des Präsidenten an (Nolte 1994: 41).

Mindestens 3200 Todesopfer laut offiziellen Angaben, darunter auch der demokratisch gewählte Präsident Salvador Allende, sowie zahlreiche Fälle von Folter, Misshandlungen, weit gehenden Menschenrechtsverletzungen und politischer Verfolgung waren die dunkle Seite dieser über 16 Jahre lang andauernden Militärdiktatur in Chile (Nolte 2003, 27).

6.3.2 Eine Wirtschaftspolitik im Wandel

6.3.2.1 Phase der radikalen Liberalisierung (1975-1982)

In den ersten zwei Jahren nach dem Putsch befasste sich das Militärregime überwiegend mit der Konsolidierung der Macht, und so wurden auch auf wirtschaftlicher Ebene lediglich allgemeine Stabilitätsmaßnahmen verfolgt, die zu einer Rückkehr zu „normalen“ Verhältnissen führen sollten (Thiery 2000: 90).

Während das Regime unter Augusto Pinochet von politischer Seite auf die Auslöschung bzw. Einengung und Knebelung der oppositionellen Kräfte setzte, verfolgte es nach der ersten Phase der Machtkonsolidierung ab dem Jahr 1975 vom wirtschaftspolitischen Standpunkt her eine radikale Liberalisierungspolitik

(Nolte 1994: 28). In diesem Zusammenhang sind auch die sog. *Chicago Boys* zu nennen, welche als die eigentlichen Drahtzieher des Wandels in der Wirtschaftspolitik bezeichnet werden können (Vylder 1989: 55). Diese Anhänger der Lehre Milton Friedmans von der Universität von Chicago bildeten eine Gruppe von neoliberalen Technokraten, denen die Diktatur insbesondere in den 70er Jahren bedingungslosen Rückhalt bei der Umsetzung ihrer für die siebziger Jahre ungewöhnlich radikalen Vorstellungen gewährte (Hügle 2001: 125). Die Reformen aus jener Zeit bzw. die radikale Abkehr von dem in den vorherigen Dekaden verfolgten Entwicklungsmodell der Importsubstitution machten Chile zu einem Vorreiter in Bezug auf das verfolgte liberale Wirtschaftsmodell ebenso wie in Bezug auf die Liberalisierung des Finanzsektors, in welchem Banken nicht länger durch staatliche Eingriffe eingeschränkt und reglementiert bzw. als „Instrument staatlicher Interventionspolitik in Geld- und Wirtschaftsangelegenheiten“[213] betrachtet wurden (Thiery 2000: 90). Neben der grundlegenden Veränderung der Wirtschaftsordnung hatte die Phase des radikalen Neoliberalismus durch die weitreichenden Reformen auch fundamentale Auswirkungen auf die chilenische Gesellschaftsordnung. In diesem Zusammenhang sind insbesondere die in Verbindung mit dem Plan Laboral des Jahres 1979 erfolgten Reformen bezüglich der Arbeitsgesetzgebung zu nennen (Imbusch 1997: 230).

Zunächst wurde im Jahr 1975 die Zentralbank nach amerikanischem Vorbild zu einer vom Staat autonomen Institution bei der Wahrnehmung ihrer Aufgaben, die sich auf die Herstellung der Preis- und Währungsstabilität beschränkten (vgl. Abschnitt 3.1). Zwar wurde die Unabhängigkeit des Zentralbankrates erst im Jahr 1989 gesetzlich verankert, aufgrund des neoliberalen Hintergrundes der nach amerikanischem Vorbild betriebenen Wirtschaftspolitik kann jedoch davon ausgegangen werden, dass diese Unabhängigkeit faktisch auch während der 16 Jahre lang andauernden Diktatur bestand. Einhergehend mit der Unabhängigkeit der Zentralbank zielten die Reformen weiter ab auf die Abschaffung bestehender Restriktionen im Bankensektor und die Beschneidung von Interventionsmaßnahmen des Unternehmerstaates (Weckner 2003: 76). Um für mehr Wettbewerb im Finanzsektor zu sorgen, wurden auch bestehende Restriktionen für ausländische BFI im Jahr 1974 aufgehoben, die ab diesem Jahr freien Zutritt zum chilenischen Markt bekamen (Held 2001: 78). Die Zinssätze wurden nicht mehr von staatlicher Seite festgesetzt, sondern bestimmten sich ab Januar 1976 frei über den Kapitalmarkt (Gallego/Loayza 2000: 6). Neben der Senkung der Einfuhrzölle und der Beschneidung der Rechte der Arbeitnehmer, welche eine bis zum heutigen Tag andauernde Machtverschiebung zu Gunsten der

[213] Vgl. Hügle, W. (2001), S. 113.

Unternehmer nach sich zog, wurden auch die Mindestreservesätze[214] der Finanzinstitute bis zum Jahr 1980 drastisch reduziert (Weckner 2003: 76).

Die (Re-) Privatisierung der staatlichen Banken, die ab dem Jahr 1975 verstärkt betrieben wurde, stellte ebenfalls einen wichtigen Schritt in die Richtung der Liberalisierung der Finanzmärkte dar. Auch die große Mehrheit der unter Allende verstaatlichten bzw. enteigneten Betriebe wurde im Zuge der ersten Privatisierungswelle (1974-1979), entsprechend der verfolgten liberalen Wirtschaftspolitik, bereits wieder reprivatisiert, wodurch sich der Staat zunehmend aus der Wirtschaft und dem Finanzsystem zurückzog (Hachette/ Lüders 1992: 74ff). Um den Ablauf der Privatisierung zu forcieren, wurde von der Regierung unter anderem ein Finanzierungsplan ausgearbeitet, der es dem potenziellen Käufer erlaubte, sich mit 90 Prozent des Kaufpreises beim chilenischen Staat zu verschulden und damit die Transaktion zu finanzieren (Gallego/Loayza 2000: 6).
Wieder spielte dabei die CORFU eine Schlüsselrolle, da diese die Abwicklung der Transaktionen durchführte, die im übrigen oftmals in ihrem Wert zu niedrig angesetzt waren, wodurch bewusst oder unbewusst viel Geld an die neue Unternehmerschicht verschenkt wurde (Manasevich/Arroyo 1992: 125f).[215] Da diese Transaktionen über die Wertpapiermärkte abgewickelt wurden, zeigten sich dort Mitte bzw. Ende der 70er Jahre auch die ersten Ausschläge des Emissionsvolumens (vgl. Abschnitt 4.1.1.2). Wichtig in diesem Zusammenhang ist, dass bei der Privatisierung der Industrieunternehmen und BFI in den meisten Fällen nicht etwa die alten Eigentumsstrukturen wieder hergestellt wurden, sondern dass die Aktien oft an neue, private Investoren verkauft wurden (Agosin/Pasten 2003: 2). Damit wurden die bestehenden Familienstrukturen des Jahres 1970 aufgebrochen oder zumindest in großem Maße abgeschwächt. Wie bereits in Abschnitt 5.1.2 betrachtet wurde, bildeten sich jedoch wieder ähnliche Konglomeratsstrukturen wie zu Beginn der 70er Jahre heraus, da unter anderem bei dieser ersten Privatisierungswelle keine Bemühungen unternommen wurden, um eine breitgestreute Eigentümerstruktur herbeizuführen (Barandiarán/ Hernández 1999: 5).

Die Liberalisierungsmaßnahmen führten zu einem enormen Anwachsen der Aktiva der BFI bis zum Jahr 1982, die damit als erster Akteur im Finanzsystem ein im Vergleich zum Weltdurchschnitt entwickeltes Niveau erreichten (vgl.

---

[214] Der geforderte Mindestreservesatz fiel von 52 % (1971) über 35,9 % im Jahr 1975 auf 28,2 % im Jahr 1980. Die entsprechenden Werte in Deutschland und den USA lagen dagegen bei 10,3 und 7,8 % im Ausgangsjahr und 8,7 bzw. 4,6 % im Jahr 1980 – vgl. Hügle, W. (2001), S. 115.

[215] Für eine ausführliche Darstellung der verschiedenen Phasen des Privatisierungsprozesses siehe Hachette, D. / Lüders, R. (1992).

Abschnitt 3.5). Parallel zu dem Anstieg der Bankenaktiva erfolgte ein regelrechter Kreditboom Ende der 70er und Anfang der 80er Jahre, welcher im Jahr 1982, in absoluten Zahlen gemessen, den Höchststand von 13,48 Mrd US $ erreichte.[216]

Entsprechend des amerikanischen Wirtschaftsmodells, das man als Maxime anstrebte, wurden neben der betrachteten Liberalisierung des Finanzsektors bzw. der Wirtschaft weiter grundlegende Reformen getätigt, welche die Entwicklung der Kapitalmärkte zum Ziel hatten bzw. eine Entwicklung dieser erst möglich machten (Gallego/Loayza 2000: 6). In diesem Zusammenhang sind die Gründung eines Aktienregisters und die Festlegung von Publikations- und Informationspflichten im Jahr 1976 zu nennen. Im Jahr 1980 wurde ebenfalls der Versicherungssektor liberalisiert. Entsprechend der Steigerung der Aktiva in den 80er und 90er Jahren stieg deren Bedeutung als Nachfrager von Instrumenten der Kapitalmärkte entsprechend an (vgl. Anschnitt 4.3.2). Weiter wurde das Wertpapiergesetz im Jahr 1981 grundlegend erneuert, was den Anfang des Schutzes von Minderheitsaktionären in Chile und den Startpunkt zu mehr Transparenz in der Unternehmenslandschaft darstellte sowie die Emission von langfristigen Anleihen auf den Rentenmärkten vereinfachte.[217] Als weiteres Reformprojekt, das aus der heutigen Perspektive die wichtigsten Veränderungen in Bezug auf die Entwicklung des chilenischen Finanzsystems inklusive der Corporate Governance mit sich brachte, wechselte Chile zu Beginn der 80er Jahre als erstes Land der Erde von einem staatlichen System der Rentenversicherung auf ein privat verwaltetes, kapitalgedecktes System (Sperberg 1997: 51).
Während in anderen lateinamerikanischen Ländern meist demografische und damit verbundene finanzielle Probleme und Ineffizienzen der alten Rentensysteme Auslöser für Reformen waren bzw. diese unausweichlich machten, traf dies im Falle Chiles lediglich bedingt zu (Gern 1998: 42). Auf der einen Seite engten zwar Faktoren wie das wachsende Ungleichgewicht von Beitragseinnahmen und Pensionsleistungen, ein sinkendes Verhältnis von Beitragszahlern zu Rentenempfängern sowie bestehende Anreize zur Beitragshinterziehung den finanziellen Rahmen des bestehenden Systems zunehmend ein, auf der anderen Seite bedeuteten diese Faktoren jedoch nicht die zur Zeit der Reformen bzw. in naher Zukunft absehbare Zahlungsunfähigkeit des bestehenden Systems (Bürfent 2000: 124). Stattdessen waren im Fall Chiles letztlich insbesondere die neoliberalen Grundsätze der Militärdiktatur in Bezug auf die Wirtschaftspolitik, also ideologische Faktoren, für die Durchsetzung der Rentenreform Ausschlag gebend, welche zu diesem Zeitpunkt und nach deren

[216] Vgl. dazu Abschnitt 3.5 und 4.2.1 dieser Arbeit.
[217] Vgl. Abschnitt 5.2 dieser Arbeit und/oder Gallego, F. / Loayza, N. (2000), S. 6.

Verwirklichung in zentralen Bereichen der Wirtschaft nun auch im sozialen Bereich durchgesetzt werden sollten (Piñera 1992: 16ff). Entsprechend liberaler Vorstellungen sollte die Umstellung des Finanzierungsverfahrens sowie die Auslagerung der Verwaltung der Finanzmittel zu den privaten AFPs die Fehlentwicklungen des alten Systems beheben sowie durch den entstehenden Wettbewerb der AFPs untereinander effizienter gestalten (Hachette/Lüders 1992: 83ff). Weiter erhofften sich die Planer insbesondere, dass das angesammelte Kapital für Investitionen in der Wirtschaft zur Verfügung gestellt werden würde, dass die Investitionen der AFPs auf den Kapitalmärkten zu deren nachhaltigen Entwicklung beitragen könnten und dass sich schließlich die nationale Sparquote erhöhen würde.[218]

Ganz im Gegensatz zu den sonst auf allen Ebenen des Staates autoritär getroffenen Entscheidungen, wurde den bereits bei einer der Pensionskassen versicherten Arbeitnehmern bei dem Thema der Alterssicherung ein Wahlrecht zugestanden, nach dem sie zum neuen Verfahren überwechseln oder aber in dem alten System verbleiben konnten.[219] Die klare Befürwortung des neuen Systems durch die Diktatur Pinochets zeigte sich in diesem Fall also nicht durch eine Zwangsmaßnahme des Machtapparates, sondern diese wurde in den von Seiten der Militärregierung unternommenen Anstrengungen deutlich. Um möglichst viele der mit einem Wahlrecht ausgestatteten Versicherten zu einem Wechsel zu bewegen und damit für eine schnelle Akzeptanz des neuen Systems bei der chilenischen Bevölkerung zu sorgen, erfolgte eine groß angelegte Werbekampagne für das neue Rentensystem, die durch vertrauensbildende Maßnahmen sowie finanzielle Anreize von staatlicher Seite ergänzt wurde (Bürfent 2000: 141). Der sensationelle Start des neuen, kapitalgedeckten und privat verwalteten *Pay as You Go* Alterssicherungssystems, dessen Akzeptanz durch einen Wechsel von 37,9% aller Beschäftigten in das neue System innerhalb des ersten Jahres bestätigt wurde, lag sogar weit über den Erwartungen der Militärregierung. Einigkeit herrscht in der Fachpresse jedoch darüber, dass trotz des von der Militärdiktatur offerierten Wahlrechts für die bereits Versicherten, das Rentensystem Chiles nur aufgrund der äußerst repressiven Militärdiktatur auf diese radikale Weise umstrukturiert werden konnte (Sperberg 1993: 64; Queisser 1993: 106).

Auf Grund der durchgeführten liberalen Wirtschaftsreformen und der daraus resultierenden wirtschaftlichen Anreize florierte die chilenische Wirtschaft zunehmend. Im Zeitraum zwischen 1970 und 1981 stieg das BSP nach einem

[218] Vgl. Ramírez, A. (1993), S. 27 und Büchi Buc, H. (1993), S. 116.

[219] Für alle erstversicherten Beitragszahler galt ab dem 1.1.1983 eine Pflicht zur privaten Versicherung nach dem neuen System bei einer der AFPs.

ersten Einbruch im Zuge des Militärputsches (74-75) von knapp 9 Mrd US $ auf über 32 Mrd US $ an.[220] Auch die realen Wachstumsraten des BSPs von durchschnittlich 7,2 Prozent und eine auf 9,5 Prozent zurückgehende Inflationsrate spiegelten diesen wirtschaftlichen Aufschwung wider (Larrain 1989: 3). Mit der Durchsetzung der vielschichtigen Reformen dieser Zeit kann die Repression des Finanzsystems im Jahre 1981 als abgeschlossen betrachtet werden (Barandiarán/Hernández 1999: 7).

6.3.2.2 Die Bankenkrise Chiles (1982-1984)

Zu Beginn der 80er Jahre traten jedoch zunehmend makroökonomische Probleme wie bspw. die Verschlechterung der *terms of trade* auf. Bedingt waren diese durch abnehmende Preise am Weltmarkt und durch eine abnehmende Wettbewerbsfähigkeit der chilenischen Wirtschaft sowohl bei den Import- als auch den Exportgütern.[221] Obwohl auch die Industrieländer im ersten Teil der 80er Jahre durch schwere Rezessionen gekennzeichnet waren, sind jedoch die gesamten Ausmaße der chilenische Krise und deren Auswirkungen auf den Bankensektor keinesfalls als simple Kettenreaktion zu diesen zu sehen, sondern sie beruhten vielmehr auf systemspezifischen Defiziten (WDR 1989 : 6).

Um die einzelnen systemspezifischen Faktoren der Bankenkrise auf einen Nenner zu bringen, kann man generell sagen, dass die Phase der extremen Liberalisierung der Wirtschaft, den Finanzsektor mit eingeschlossen, erfolgte, ohne dass durch die SBIF als Bankenaufsicht von den BFI geeignete Maßnahmen zur Risikosteuerung gefordert worden wären (Held 2001: 80ff). Das Risiko-Management der Banken orientierte sich an Vergangenheitswerten, ohne dabei mögliche zukünftige Risiken, denen die Kreditnehmer mit ihrem Tätigkeitsfeld ausgesetzt waren, entsprechend zu berücksichtigen (Larrain 1989: 9f). So wurde auch das Zins- und Wechselkursrisiko sowohl von Seiten der Banken als auch von den Kreditnehmern fundamental unterschätzt bzw. vernachlässigt (Held 2001: 81). Darüber hinaus war entsprechend der damaligen Konzernstrukturen die Kreditvergabe von Banken an sog. *related parties* zu Beginn der 70er Jahre und auch im Vorfeld der Bankenkrise sehr weit verbreitet, wobei die „interne Kontrolle“ bei der Vergabe der Finanzmittel noch weniger vorhanden war, als dies bei der Vergabe von externen Krediten schon der Fall war.[222] Auch die im Vorfeld der Krise bereits betrachtete exzessive bzw. sehr konzentrierte Kreditallokation an einzelne Gläubiger, die seit Anfang der 70er Jahre vorherrschte, führte dazu, dass bereits die Zahlungsunfähigkeit einzelner

---

[220] Siehe zur Entwicklung des chilenischen BSP bspw. auch Anhang IV dieser Arbeit.

[221] Für eine ausführliche Darstellung der sich verschlechternden makroökonomischen Bedingungen siehe auch Larrain, M. (1989), S. 5-9 oder Barandiarán, E. / Hernández, L. (1999), S. 15-19.

[222] Vgl. Abschnitt 4.2.3 dieser Arbeit und Larrain, M. (1989), S. 11.

Gläubiger zu ernsthaften Probleme bei den chilenischen Banken führte (WDR 1989: 102).

Unter den schwierigen makroökonomischen Bedingungen spannte sich die Lage in der Wirtschaft zunehmend an und löste schließlich eine Konkurswelle aus, die sich direkt auf den Finanzsektor übertrug. Dabei machten die bis zum Jahr 1986 ausgefallenen Kredite 35,4 Prozent des gesamten Kreditvolumens aus (Larrain 1989: 18f). Im Verlauf der Krise entschied sich das Militärregime zu handeln und beschloss eine Reihe von Maßnahmen, um das Ausmaß der Krise zu beschränken.[223] So intervenierte der Staat in vierzehn der zu diesem Zeitpunkt bestehenden 26 BFI sowie in acht SFs, die aufgrund von ausgefallenen Krediten zahlungsunfähig wurden (Held 2001: 79). Alle SFs sowie acht der intervenierten Banken wurden liquidiert, wobei die Aktionäre sowie der Staat die entstandenen Verluste trugen, wohingegen bis auf wenige Ausnahmen die Eigentümer der Depositen und ausländische Kreditgeber kaum Verluste hinnehmen mussten (Larrain 1989: 12). Mit dieser Teillösung sollte zum einen verhindert werden, dass sich Banken in Zukunft immer auf den Staat als „in letzter Stunde rettende Instanz" verlassen würden. Zum anderen sollten die Anleger von Geldern bei Banken sowie ausländische Kapitalgeber für die Zukunft nicht verunsichert werden. Das Rettungsprogramm der Militärdiktatur sah weiter einen Aufkauf verschiedener Arten von Krediten durch die Zentralbank vor, um die BFI finanziell zu entlasten, wobei sich diese mittelfristig verpflichten mussten, Kredite zu gewissen Konditionen wieder zurückzukaufen. Die dabei geltenden Auflagen bezüglich der Art von Krediten und der maximalen Höhe dieses Angebotes wurden dabei im Zuge der sich ausweitenden Bankenkrise schrittweise gelockert (Barandiarán/Leonardo 1999: 29ff).

Durch diese Krisen beschränkenden Aktivitäten von Seiten der Zentralbank stiegen deren Aktiva im Laufe der 80er Jahre kontinuierlich an, wohingegen die Aktiva des Bankensektors und die Kreditvergabe nach dem Boom zum Ende der 70er Jahre eine lange Phase der Konsolidierung erlebten.[224]
Trotz der Intervention des chilenischen Staates zur Schadensminderung gilt die Bankenkrise als eine der schwerwiegendsten Krisen[225] in der Geschichte Chiles (Barandiarán/Hernández 1999: 1). Die entstandenen gesamtwirtschaftlichen Schäden werden dabei auf 30 bis auf über 40 Prozent des BSP geschätzt (Marshall 1998: 43, Barandiarán/Leonardo 1999: 2). Dabei gilt es zu erwähnen

[223] Für eine detaillierte Darstellung der von staatlicher Seite unternommenen Maßnahmen im Zuge der Krise siehe Barandiarán, E. / Hernández, L. (1999), S. 20-50 oder Larrain, M. (1989), S. 16-21.
[224] Vgl. Abschnitt 3.5 oder Anhänge IV, V und VIV dieser Arbeit.
[225] Als weitere, schwerwiegende Krisen sind zu nennen: die im Zuge des ersten Weltkrieges, die Weltwirtschaftskrise und die im Zuge der politischen Unruhen zur Mitte der 70er Jahre.

dass auch die Militärdiktatur unter den Auswirkungen der Krise litt, da sich diese insbesondere durch die wieder hergestellte Stabilität nach den chaotischen Zuständen des Jahres 1973 sowie durch die erreichten wirtschaftlichen Erfolge legitimierte (Thiery 2000: 100).

6.3.2.3 Phase der vorsichtigen Regulierung (1982-1990)

Neben den gesamtwirtschaftlichen Kosten der Bankenkrise wurden zunächst einige der Reformen der radikalen Periode wieder zurückgenommen, und auch die *Chicago Boys* mussten, aufgrund des enormen öffentlichen Drucks, aus wichtigen Regierungspositionen entfernt werden (Thiery 2000: 100). Das Engagement des Staates in der Wirtschaft wuchs durch die im Zuge der Krise verfolgten Rettungsmaßnahmen wieder an. Dieser wurde dadurch verstärkt zum Eigentümer von insolvent gewordenen bzw. intervenierten Unternehmen sowie zum „Hauptkreditgeber" durch das Engagement der Zentralbank (Gallego/ Loayza 2000: 7f). Auch wurden zum Schutz der chilenischen Wirtschaft Zollerhöhungen sowie Restriktionen für Kapitalbewegungen im Ausland wieder eingeführt.

Diese Maßnahmen sind jedoch als zeitbefristete Übergangsregelungen und nicht als eine grundlegende Abkehr vom verfolgten liberalen Entwicklungsmodell zu deuten. Vielmehr wurden die systemspezifischen Fehler, die zu dem Ausmaß der Krise geführt hatten, erkannt und man gelangte zu der Einsicht, dass ein Großteil der entstandenen Schäden durchaus hätte vermieden werden können. In einer zweiten Reformwelle zwischen 1982-1989 wurde entsprechend versucht, die system-spezifischen Faktoren der Krise zu beseitigen und Reformen an anderer Stelle zu vertiefen, um eine kontinuierliche und vor allem stabile Entwicklung des Finanzsektors zu ermöglichen (Kellner 1998: 77). Als Folge der sich ab dem Ende des Jahres 1982 ereignenden Bankenkrise wurden unter anderem eine von Grund auf verbesserte Bankenaufsicht sowie ein strengeres, staatliches Enforcement durchgesetzt, die Transparenz der Unternehmen im Laufe der 80er Jahre erhöht und die bisher ausgeprägten Verflechtungen zwischen Banken und Unternehmen bzw. Kreditbeziehungen unter sog. *related parties* verboten (vgl. Abschnitt 5). Das neue, zum Ende des Jahres 1986 verabschiedete Bankengesetz sah darüber hinaus eine Verbesserung des Risiko-Managements der Banken vor und stellte das zentrale Dokument der effektiven Bemühungen dar, die Schwachstellen des Systems zu bekämpfen.[226]
Zwischen den Jahren 1985 und 1989 erfolgte eine zweite Privatisierungswelle, in der Unternehmen, die sich bereits vor der Zeit Salvador Allendes in

[226] Vgl. Barandiarán, E. / Hernández, L. (1999), S. 52, Gallego, F. / Loayza, N. (2000), S. 8, Held, G. (2001), S. 85-89 oder Larrain, M. (1989), S. 21f.

staatlichem Besitz befanden,[227] und solche, bei denen während der Wirtschaftskrise von Seiten des Staates her interveniert wurde, privatisiert wurden (Agosin/Pastén 2003: 2). Im Gegensatz zu der ersten Phase der Privatisierung wurde bei dieser jedoch versucht, einen weniger konzentrierten Aktienbesitz zu erreichen (Manasevich/Arroyo 1992: 125). Es wurde zum einen versucht, die Mitarbeiter der zu privatisierenden Unternehmen dazu zu bewegen, ebenfalls Aktien zu erwerben,[228] zum anderen wurden die für die AFPs geltenden *investment limits,* die bis zu diesem Zeitpunkt eine Investition in Aktien als Investitionsalternative ausschlossen, verändert. Dabei wurden simultan die maximalen Anteilswerte am Portfolio der AFPs von staatlich emittierten Wertpapieren drastisch gesenkt (von 100% auf 40%)[229] sowie im Gegenzug Aktien als Investitionsalternative schrittweise zugelassen. Entsprechend traten bei der zweiten Privatisierungswelle die AFPs in verstärktem Maße als Investoren dieser Unternehmen auf (Mansevich/Arroyo 1992: 125). Die Änderung der *investment limits* im Jahr 1985 stellte dabei eine der grundlegendsten Entscheidungen für die Entwicklung der Kapitalmärkte dar und ist als ein weiterer Meilenstein in der von Pinochet verfolgten „Revolution von oben" zu betrachten.

Im Vorfeld der in der Verfassung verankerten Volksbefragung über das Fortbestehen der Diktatur, die im Jahr 1988 anstand, verfolgte das Militärregime ab diesem Jahr, nicht zuletzt in der Hoffnung, durch diese wirtschaftspolitischen Maßnahmen die Volksentscheidung positiv beeinflussen zu können, eine weitere Phase der expansiven Wirtschaftpolitik. In diesem Zusammenhang wurden die Zollsätze, die KFZ Steuer und die Mehrwertsteuer abgesenkt (Urrutia 1994: 87f). Wie bereits erwähnt, sprach sich jedoch die Mehrheit der Chilenen bei der Volksbefragung für die Wiedereinführung der Demokratie aus.

6.4 Der demokratische Neuanfang in Chile (1990-2003)

Trotz der großen Mehrheit für eine Wiedereinführung der Demokratie in Chile wurde doch von vielen Seiten befürchtet, das Land könnte in ein politisches Chaos zurückfallen (García et al. 1994: 168). Ebenso trat man in Bezug auf die wirtschaftliche Entwicklung der neuen Demokratie eher mit Skepsis gegenüber. Letztendlich bewahrheiteten sich diese Befürchtungen jedoch nicht, und es wurde im Laufe der 90er Jahre deutlich, dass es den unterschiedlichen, demokratischen Regierungen gelungen ist, die Ziele der wirtschaftlichen Stabilität und des Wachstums durch die Verfolgung der Liberalisierungs- und

227 Dazu gehörten insbesondere Unternehmen des Stahl-, Elektrizitäts- oder Telekommunikationssektors sowie die nationale Fluggesellschaft.

228 Vgl. Abschnitt 5.1.3 zu Aktienprogrammen für die Mitarbeiter.

229 Dadurch wurde insbesondere bei den bisher sehr konservativ investierenden AFPs eine Menge an finanziellen Mitteln frei, welche in die zu privatisierenden Unternehmen reinvestiert wurden.

Öffnungspolitik zu erreichen und darüber hinaus eine gewisse soziale Komponente in die Wirtschaft zu integrieren (García et al. 1994: 171). In diesem Sinne wurden den AFPs im Laufe der 90er Jahre mehr Spielraum bei der Investition ihrer Finanzmittel zugestanden, und die Bankenreform im Jahre 1997 räumte die noch bestehenden Restriktionen für chilenische Banken aus.[230] Auch wurden bezüglich der Corporate Governance weitreichende Neuerungen im chilenischen Recht verankert. So wurden bspw. die Informations- und Publizitätsvorschriften im Laufe der 90er Jahre verschärft und auch die Rechte der Aktionäre zunehmend gestärkt.[231] Gerade bezüglich der Gleichberechtigung der Aktionäre und des Schutzes dieser bei Fusionen und Unternehmensübernahmen stellt das im Oktober 2000 verabschiedete Corporate Governance Gesetz (*Ley de OPAs)* ein zentrales Dokument dar.[232]

Reale Wachstumsraten des BSP von durchschnittlich 6,7 Prozent p.a. zwischen den Jahren 1984 und 1996 belegten den Erfolg einer auch nach dem Wiedereinkehren der Demokratie kontinuierlich weiterverfolgten Wirtschaftspolitik und machten Chile zu einem „ökonomischen Musterland" (Hügle 2001: 125). Weiter erwies sich das Finanzsystem im Laufe der 90er Jahre als grundlegend stabil. So zog die Finanzkrise, die im Jahr 1994 in Mexiko ausbrach, weitestgehend ohne Schaden an Chile vorbei, was sich an den weiter wachsenden Kreditvergaben im Jahr 1995 und auch im Anschluss zeigte.[233] Auch die Turbulenzen der Asienkrise in den Jahren 1997-98 überstand Chile im Gegensatz zu anderen (lateinamerikanischen) Entwicklungsländern relativ unbeschadet, was ebenfalls ein Indiz für die bereits im Zuge der Bankenkrise erfolgten positiven Umstrukturierungsmaßnahmen des Finanzsystem ist (Hernández/Schmidt-Hebbel 2001: 23). Das Festhalten an dem verfolgten Liberalisierungsprogramm sowie dessen Ergänzung durch eine vorsichtige Regulierung und verschärfte Bankenaufsicht können dabei als die zentralen Elemente für den wirtschaftlichen Erfolg Chiles sowie die Stabilität des chilenischen Finanzsystems gewertet werden.

6.5 Zusammenfassung und theoretische Auswertung der Ergebnisse

Die Studien der Autoren Bandiera, Caprio, Honohan und Schiantarelli (1998) und Morley, Machado und Petinatto (1998) über die den Finanzsektor betreffende Reformtätigkeit in Chile und anderen lateinamerikanischen Ländern bildeten die Grundlage für die folgende Abbildung von Gallego und Loayza

[230] Vgl. dazu Abschnitte 4.3.4.2 und 3.3.2 dieser Arbeit.
[231] Siehe Abschnitt 5.2 dieser Arbeit.
[232] Vgl. dazu auch Abschnitt 5.3 dieser Arbeit.
[233] Vgl. dazu Anhang XIV zur Kreditvergabe der BFI oder Hügle, W. (2001), S. 126.

(2000).[234] Diese zeigt den „Financial Liberalization Index", der die in den vorherigen Abschnitten dargelegte Information über die das Finanzsystem betreffenden wirtschaftspolitischen Maßnahmen grafisch veranschaulicht.

Abbildung 19: Grafik des „Financial Liberalization Index" von 1970-1996

Quelle: Gallego, Francisco / Loayza, Norman (2000), S. 10.

Zunächst lässt sich aus der Abbildung eine Zunahme der finanziellen Repression während der Regierungszeit Salvador Allendes feststellen. Im Zuge der ab dem Jahr 1975 betriebenen neoliberalen Wirtschaftspolitik unter der Diktatur Pinochets führten die Reformen zu einer schlagartigen Umkehrung des Trends. In Chile wurden, im Gegensatz zu anderen Ländern, bereits zu dieser Zeit der Finanzsektor liberalisiert und Reformen angegangen, die in den meisten lateinamerikanischen Ländern erst in den 90er Jahren durchgeführt wurden (siehe Abbildung). Weiter lässt sich die im Zuge der Bankenkrise erfolgte Phase der vorsichtigen Regulierung von 1982 bis 1986 durch das Absinken der Kurve erkennen. Dass die im Zuge der Bankenkrise erlassenen Restriktionen jedoch keine Abkehr von einem liberalisierten Finanzsektor darstellten, zeigt sich insbesondere in dem erneuten Anstieg des Indikators zum Ende der Militärdiktatur und in dem gleich bleibend hohen Niveau, das dieser auch im Laufe der 90er Jahre zeigt.

Als Ursachen dieses aus wirtschaftlicher Sichtweise positiv verlaufenen und seinesgleichen suchenden Entwicklungsprozesses in Chile wird dabei von verschiedensten Autoren die Kontinuität hervorgehoben, mit der das in den Anfängen der Pinochet Ära hoch angesetzte Ziel der Implementierung eines

[234] Gallego, F. / Loayza, N. (2000), verweisen auf folgende Quellen der Darstellung: Morley, S. / Machado, R. / Petinatto, S. (1998): Indexes of Structural Reform in Latin America; Manuscript, ECLAC und Bandiera, O. / Caprio, G. / Honohan, P. / Schiantarelli, F. (1998): Does Financial Reform raise or reduce Savings?; Weltbank: Policy Research Paper No. 2062.

funktionierenden marktwirtschaftlichen bzw. liberalen Systems über die letzten drei Dekaden verfolgt wurde (Hügle 2001: 125).

Im Sinne der in Kapitel 2 vorgestellten Theorie der *path dependence* können folgende Hypothesen bzgl. der Entwicklung des chilenischen Finanzsystems aufgestellt werden. Durch die dargestellte Kontinuität und Zielgerichtetheit der vollzogenen Entwicklung kann im Fall Chiles ab der Phase der Militärdiktatur nicht mehr von einer fehlenden Weitsicht der handelnden Akteure im Sinne der „biologists′ story“ gesprochen werden.[235] Insbesondere die Einführung des privaten Rentenversicherungssystems mit positiven Nebenwirkungen auf die Kapitalmärkte und die Corporate Governance zeugte von einer erheblichen Weitsicht der Planer. Darüber hinaus machte es insbesondere die absolute Machtposition Pinochets möglich, die geplanten umfassenden Umstrukturierungsmaßnahmen in der chilenischen Wirtschaft, im chilenischen Rechtssystem und nicht zuletzt in der chilenischen Gesellschaft durchzusetzen.
Zwiespältig ist die Deutung der während der Entwicklung erfahrenen Rückschläge wie bspw. die Bankenkrise im Jahr 1982. Auf der einen Seite brachten diese Chile nicht von dem eingeschlagenen Entwicklungspfad ab, sondern trugen im Gegenteil zur Verbesserung der offensichtlichen Schwachstellen in dem System bei. Auf der anderen Seite wurden jedoch die für das Ausmaß der Krise verantwortlichen systemspezifischen Faktoren nicht von den Planern vorhergesehen und deshalb ebenso wenig vermieden. In diesem Sinne kann also doch von einer fehlenden Weitsicht der Akteure gesprochen werden, und die Gesetzgebung in Chile zeigt sich doch gewissermaßen als pfadabhängig, da Schwachstellen im System erst im Nachhinein ausgebessert wurden.[236] Die gesamtwirtschaftlichen Kosten der Krise können quasi als Umstrukturierungskosten im Sinne der „switching cost story“ verstanden werden, die jedoch entgegen der Theorie der *path dependence* die Akteure nicht von dem geplanten Strukturwandel abhielten.
Unter dem Gesichtspunkt der Komplementarität wurde in den vorangegangenen Kapiteln dargelegt, dass in Chile über die letzten drei Dekaden ein konsistentes System bestanden hat, in dem sich die Elemente der Unternehmensfinanzierung und der Corporate Governance komplementär zueinander verhielten. Angesichts der in Kapitel 6 dargelegten Hintergrundinformationen über die zu Beginn des Betrachtungszeitraumes vorherrschende finanzielle Repression im chilenischen Finanzsystem scheint es jedoch fraglich, ob man bereits ab den 70er Jahren von einem konsistenten System sprechen kann oder ob ein solches erst im Zuge der Liberalisierungsmaßnahmen zu Beginn der 80er Jahre entstanden ist.

[235] Vgl. dazu Abschnitt 2.3.2 dieser Arbeit.
[236] Als Beispiele für die Pfadabhängigkeit der Gesetzgebung kann die Bankenkrise, aber auch das Corporate Governance Gesetz im Jahre 2000 genannt werden, da in beiden Fällen die Anpassung erst nach erheblichen gesamtwirtschaftlichen Schäden erfolgte.

7 Fazit der Arbeit

Als Abschluss dieser Arbeit sollen die wichtigsten Ergebnisse der einzelnen Kapitel zusammengeführt und somit die Entwicklung des chilenischen Finanzsystems noch einmal abrissartig dargestellt werden:

Zu Beginn der 70er Jahre lag in Chile ein Finanzsystem vor, dessen Akteure als Folge der langjährigen finanziellen Repression, die insbesondere in der Regierungsperiode Salvador Allendes noch drastisch zunahm, im Vergleich zum Weltdurchschnitt als unterentwickelt bezeichnet werden können. Ein radikaler Kurswechsel erfolgte erst durch den Militärputsch im Jahre 1973, der den Beginn einer zunächst radikal- bzw. neoliberalen, später einer gemäßigt liberalen Wirtschaftspolitik darstellte und als die Geburtsstunde des modernen chilenischen Finanzsystems betrachtet werden kann. Die unmittelbaren Folgen waren eine Beschränkung der staatlichen Aktivität in Wirtschaft und Finanzsystem, eine unabhängige Zentralbank sowie ein liberalisierter Finanzsektor, in welchem, ausgelöst durch einen Kreditboom zum Ende der 70er Jahre, zunächst die BFI ein rasantes Wachstum erfuhren und zu Beginn der 80er Jahre als erster Akteur im chilenischen Finanzsystem im Vergleich zum Weltdurchschnitt als entwickelt charakterisiert werden können. Diese Bankendominanz bei der Unternehmensfinanzierung verhielt sich komplementär zu dem bereits seit Anfang der 70er Jahre bestehenden *Insider* Corporate Governance System. Die festgestellten Funktionsmechanismen desselben waren dabei der *control* Modus, *relationship lending* sowie ein tendenziell vorliegender *inside influence* Modus. Weiter herrschte eine klare Internalisierung von Informationen vor.

Die gravierende Banken- bzw. Wirtschaftskrise, die sich ab dem Jahr 1982 ereignete, führte neben den sehr hohen gesamtwirtschaftlichen Schäden jedoch auch zu der Beseitigung von systemspezifischen Defiziten des liberalisierten Finanzsystems. So wurde die Bankenaufsicht verschärft, Kreditbeziehungen zwischen *related parties* unterbunden sowie ein geeignetes Risikomanagement von Unternehmen als auch Banken gefordert. Als weitere Auswirkung der Bankenkrise verschuldeten sich chilenische Unternehmen ab Mitte der 80er Jahre deutlich weniger bzw. nahmen in verstärktem Maße unterschiedliche Finanzierungsquellen in Anspruch. Auch von politischer Seite aus wurden starke Anstrengungen unternommen, um die Kapitalmärkte als weitere Finanzierungsquelle für die Unternehmen zu fördern. Als wichtigste politische Entscheidung ist dabei die Durchführung der Rentenreform des Jahres 1981 zu nennen, welche die AFPs zu den bedeutendsten institutionellen Investoren auf den Kapitalmärkten machte.
In Folge dessen erfuhr insbesondere der Aktienmarkt einen starken Bedeutungszuwachs im chilenischen Finanzsystem, auch wenn in diesem die Banken bei

der Unternehmensfinanzierung bis zum heutigen Tag noch immer die mit Abstand wichtigste externe Finanzierungsquelle darstellen. Auch besteht nach wie vor ein *Insider* Corporate Governance System in Chile, in dem insbesondere die exzessiven Eigentümerstrukturen auffielen und darüber hinaus ein mehrheitlicher Bestand von *relationship lending* Beziehungen angenommen wurde. Dahingegen scheint, im Gegensatz zu dem Beginn der 70er Jahre, heute tendenziell eher ein *outside opportunities* Modus vorzuliegen. Auch wurde festgestellt, dass die Interessen von *Outsidern* bis zu dem im Oktober erlassenen Corporate Governance Gesetz nicht hinreichend geschützt wurden, obwohl sich Chile seit den 90er Jahren durch ein erstaunliches Maß an Aktionärsschutz auszeichnet. Trotz einer stetigen Verbesserung der verfügbaren Informationen im Laufe der 90er Jahre ist es jedoch nicht klar, ob in Chile bereits von einer Externalisierung von Information gesprochen werden kann.

Für die Entwicklung von Finanzsystemen ist Chile ein äußerst interessantes Beispiel. Dabei zeigte Chile sich, verglichen mit anderen Entwicklungsländern, als Vorreiter bei der Liberalisierung seines Finanzsystems. Die zentralen Elemente dieses von wirtschaftlicher Seite aus betrachtet positiven Entwicklungsprozesses ab dem Jahr 1973 scheinen dabei zum einen die hohe Handlungsfähigkeit der politischen Akteure, verkörpert durch die autoritäre und absolute Machtposition Pinochets, sowie zum anderen die Kontinuität zu sein, mit der die wirtschaftspolitischen Ziele über die letzten drei Dekaden verfolgt wurden. Beides sind dabei Eigenschaften, die die Theorie der *path dependence* den politischen Akteuren eher abspricht.
Die Theorie der Komplementarität lässt sich dagegen grundsätzlich bestätigen, da spätestens seit Anfang der 80er Jahre ein in sich konsistentes Finanzsystem vorlag. Die von Banken dominierte Unternehmensfinanzierung und das *Insider* Corporate Governance System verhielten sich dabei als komplementäre Elemente zueinander. Aus dieser Konsistenz heraus lässt sich also erklären, weshalb die Umgestaltung des Finanzsystems trotz umfassender politisch motivierter Versuche dieses nach dem Vorbild der USA zu gestalten, bis zum heutigen Tag äußerst zögerlich vonstatten ging. Die zukünftige Entwicklung des Finanzsystems bleibt also weiter spannend.

Literaturverzeichnis

Abraham, K. G. / Houseman, S. N. (1993): Job Security in America: Lessons from Germany; The Brookings Institution (Hrsg), Washington D.C.

Acemoglu, D. (1996): Investment in Skills, Market Imperfections and Growth; erschienen in: Booth, A. / Snower, D. (Hrsg.): Skill Gaps and Economic Activity; Cambridge University Press (1996), Cambridge, S. 41-63

Agosin, M. R. / Crespi, G. / Letelier, L. (1999): Explanations for the Increase in Saving in Chile; erschienen in Reinhart, C. (Hrsg.): Accounting for Saving – Financial Liberalization, Capital Flows and Growth in Latin America and Europe; Inter-American Development Bank, Washington D.C.

Agosin, Manuel R. / Pastén, Ernesto H. (2003): Corporate Governance in Chile; Banco Central de Chile, Working Paper Series, No. 209, Huérfanos 1175, Chile

Allen, Franklin / Gale, Douglas (2000): Comparing Financial Systems; Cambridge

Aoki, Masahiko / Patrick, Hugh (1994): The Japanese Main Bank System; New York

Arriagada, Gustavo / Romero, Luis Raúl (2001): Principles, Institutions and Instruments of the Banking Regulation and Supervision in Chile; erschienen in: von Stein, H. (Hrsg.): Die Finanzsysteme in Argentinien, Brasilien und Chile; Schriftenreihe der Stiftung Kreditwirtschaft, Universität Hohenheim, Frankfurt am Main, S. 315-326

Banco Central de Chile: Internetportal der chilenischen Zentralbank, Online im Internet: http://www.bcentral.cl, Abfrage: 10.07.2003, 13.54 Uhr

Direkt auf der Website publiziert:

(1) http://www.bcentral.cl/esp/funcionesyorganizacion/funciones/01.htm
(2) http://www.bcentral.cl/eng/functionsandorganization/functions/02.htm

Barandiarán, Edgardo / Hernández, Leonardo (1999): Origins and Resolution of a Banking Crisis: Chile 1982-86; Banco Central de Chile, Working Paper Series, No. 57, Huérfanos 1175, Chile

Barth, J. / Nolle, D. / Rice, T. (1997): Commercial Banking Structure, Regulation and Performance: An International Comparison; Economic Working Paper, No. 6

Bebchuk, A. / Roe, M. J. (1998): A Theory of Path Dependence in Corporate Governance and Ownership; Harvard University Working Paper Series – Die Seitenzahlen beziehen sich auf das in Frankfurt präsentierte Working Paper

Becker, Diemut (2001): Das chilenische Bankensystem: Überblick und Besonderheiten; erschienen in: von Stein, H. (Hrsg.): Die Finanzsysteme in Argentinien, Brasilien und Chile; Schriftenreihe der Stiftung Kreditwirtschaft, Universität Hohenheim, Frankfurt am Main, S. 197-209

Berglöf, E. / Sjögren, H. (1998): Combining Arm's Length and Control-Oriented Finance: Evidence from Main Bank Relationships in Sweden; erschienen in: Hopt, K.J. et. al. (Hrsg.): Comparative Corporate Governance: The State of the Art and Emerging Research; Oxford University Press, New York, S. 787-808

Bolsa de Comercio de Santiago (BCS): Internetportal der chilenischen Börse, Online im Internet: http://www.bolsadesantiago.com, Abfrage: 12.08.2003, 8.00 Uhr

Downloads:

(a) www.bolsadesantiago.com: Menüpunkt: Publicaciones – Resena Anual „Resumen de Mercados – Mercado Accionario"
(b) www.bolsadesantiago.com: Menüpunkt: Publicaciones – Resena Anual „Resumen de Mercados – Mercado de Deuda"
(c) www.bolsadesantiago.com: Menüpunkt: Publicaciones – Resena Anual „Resumen de Mercados – Otros Mercados"
(d) www.bolsadesantiago.com: Menüpunkt: Publicaciones – Resena Anual „Resumen de Mercados – Mercados Totales"
(e) www.bolsadesantiago.com: Menüpunkt: Publicaciones – Resena Anual „Resumen de Mercados – Mercado de instrumentos de Renta Fija"
(f) www.bolsadesantiago.com: Menüpunkt: Publicaciones – Series para estudiantes: „Serie Institucional N°1"
(g) www.bolsadesantiago.com: Menüpunkt: Publicaciones – Series para estudiantes: „Serie Institucional N°2"

Direkt auf der Website publiziert:

(1) www.bolsadesantiago.com; Menupunkt: IGPA
(2) www.bolsadesantiago.com; Menupunkt: IPSA
(3) www.bolsadesantiago.com; Menupunkt: INTER10

Büchi Buc, Hernán (1993): La Transformación Económica de Chile: Del Estatismo a la Libertad Económica; Barcelona

Bürfent, Peter (2000): Rentenreform in Lateinamerika; Prof. Dr. Feldsieper (Hrsg.), Wirtschaftspolitische Forschungsarbeiten der Universität zu Köln, Band 34, Marburg

Caballero, Ricardo J. (2002): Coping with Chile's External Vulnerability: A Financial Problem; Banco Central de Chile, Working Paper Series, No. 154, Santiago de Chile

Cañas-Kirby, Enrique (1993): Autoritäres Regime, Transition durch Verhandlung und Demokratische Öffnung Chile: 1983-1991; Freiburg im Preisgau

Charkham, J.P. (1994): Keeping good Company: A Study of Corporate Governance in Five Countries; Oxford University Press

Clarke de la Seda, Alvaro (2003): How Capital Markets Exert Governance on Corporates: Country Experience, Chile; Working Paper zur „5th Annual Financial Markets and Development Conference" der Weltbank am 14-16 April 2003, im Internet unter: www.worldbank.org/wbi/finsecpolicy/pillars/pdfs/clarke.pdf, Abfrage vom 10. August 2003, 9:50 Uhr

Clarke de la Seda, Alvaro (2000): Tender Offers, Takeovers and Corporate Governance; Working Paper zum ersten „Latin American Corporate Governance Roundtable" 26-28 April 2000, São Paulo, im Internet unter: www.oecd.org/dataoecd/56/59/1922420.pdf, Abfrage vom 18. August 2003, 20:18 Uhr

Corbett, J. / Jenkinson, J. (1997): How is Investment Financed? A study of Germany, Japan, The United Kingdom and the United States; The Manchester School Supplement, S. 69-93

Dávila, Carlos / Morales, Carlos (1999): Latin American M&A Reaches $52,6 Billion Record Mark; Thomson Financial Securities Data, Final Release 3rd Quarter of 1999, im Internet unter: www.tfsd.com/latin_american/1999_press_releases/3q-99.pdf, Abfrage vom 10. August 2003, 10:20 Uhr

Demirgüç-Kunt, Asili / Levine, Ross (1999): Bank-Based and Market-Based Financial Systems: Cross Country Comparisons; Working Paper Series der Weltbank, No. 2143

Diamond, Douglas W. (1984): Financial Intermediation and Delegated Monitoring; Review of Economic Studies, No. 51, S. 393-414

Escobar, Ricardo C. (2000): Report on Corporate Governance Issues in Chile; Working Paper zum Latin American Corporate Governance Roundtable, 26-28 April 2000, Sao Paulo, Brasilien – aus dem Internet unter: www.oecd.org/dataoecd/55/43/1921741.pdf, Abfrage vom 10. August 2003, 10:10 Uhr

Fazio, Hugo (1971): La Nacionalización de la Banca; erschienen in: Principios Santiago, No. 137, Januar 1971, Santiago de Chile, S. 26-39.

Finanzas (2002): Publikation von Reuters Meldungen im Internet der Firma Finanzas.com, Online im Internet: http://www.finanzas.com, Abfrage: 3.10.2003, 9:04 Uhr:

Direkt auf der Website publiziert:

(1) www.finanzas.com/id.4946711/noticias/noticia.htm; Titel: Fusiones y Adquisiciones de Empresas chilenas sumaron 2.991mln dlrs en 2002 en Chile

Frank, Richard H. (2001): Keynote des SME Access to Risk Capital Financing Workshop der Darby Overseas Investment Ltd., Im Internet: www.iadb.org/sds/doc/IFM-Frank_Richard-CMR.pdf, Abfrage vom 30. August 2003, 12:16 Uhr

Franks, J. / Mayer, C. (1994): Corporate Control: A Comparison of Insider and Outsider Systems; Working Paper, London Business School

Frémond, Olivier / Capaul, Mierta (2003): Report on the Observance of Standards and Codes (ROSC); „Joint Working Paper" der Weltbank und des IMF, May 2003 - als Elektronisches Dokument eingereicht

Friderichs, M. / Paranque, E. / Sauvé, A. (1999): Structures of Corporate Finance in Germany and France: A Comparative Analysis for west german and french Incorporated Enterprises with spezial reference to Institutional Sectors; erschienen in: Sauvé, A. / Scheuer, M. (Hrsg.): Corporate Finance, Deutsche Bundesbank, S. 73-137

Fukao, M. (1995): Financial Integration, Corporate Governance, and the Performance of Multinational Companies; The Brookings Institution (Hrsg), Washington D.C.,

Gallego, Francisco / Loayza, Norman (2000): Financial Structure in Chile: Macroeconomic Developments and Microoeconomic Effects; Banco Central de Chile, Working Paper Series, No. 75, Santiago de Chile

García, Ligia / Rivera, Eugenio / Vega, Juan E. (1994): Chile; erschienen in: Töpper, B. / Müller-Plantenberg, U. (Hrsg.): Transformation im südlichen Lateinamerika; Frankfurt am Main, S. 148-203

Gern, Klaus-Jürgen (1998): Recent Developements in Old-Age Pension Systems – An International Overview; Kieler Arbeitspapiere, Nr. 863, Kiel

Hachette, Dominique / Lüders, Rolf (1992): La Privatización en Chile; Centro Internacional para el Desarollo Económico (CINDE), Santiago de Chile

Hackethal, Andreas (2001): How Unique Are US-Banks? – The Role of Banks in Five Major Financial Systems; Working Paper Series: Finance and Accounting, No. 60, Universität Frankfurt

Hackethal, Andreas (2000): Banken, Unternehmensfinanzierung und Finanzsysteme; Frankfurt am Main

Hackethal, Andreas / Schmidt, Reinhard H. (2000): Finanzsystem und Komplementarität; erschienen in: Kredit und Kapital, Beiheft 15 „Neue finanzielle Arrangements: Märkte im Umbruch“, 2000, S. 53-102 – auch Working Paper Series: Finance and Accounting, No. 50, Universität Frankfurt

Hackethal, Andreas / Schmidt, Reinhard H. (1999): Financing Patterns: Measurement Concepts and Empirical Results; Working Paper Series: Finance and Accounting, No. 33, Universität Frankfurt; revised May 2001 and submitted to European Economic Review, status: „revise and resubmit“

Harhoff, D. / Kane, T. (1997): Is the German Apprenticeship Systems a Panacea for the U.S. Labor Market?; Journal of Population Economics, Vol. 10, S. 171-196

Hall, R. (1993): A Framework Linking Intangible Ressources and Capabilities to Sustainable Competitive Advantage; Strategic Management Journal, Vol. 14, S. 607-618

Held, Günter (2001): Political Economy Factors in Market oriented Reforms of Banking in Chile; erschienen in: von Stein, H. (Hrsg.): Die Finanzsysteme in Argentinien, Brasilien und Chile; Schriftenreihe der Stiftung Kreditwirtschaft, Universität Hohenheim, Frankfurt am Main, S. 75-92

Hellwig, Martin (1991): Banking, Financial Intermediation and Corporate Finance, erschienen in: Giovannini, A. / Mayer, C. (Hrsg.): European Financial Integration, Cambridge, S. 35-63

Hernández, Leonardo / Schmidt-Hebbel, Klaus (2001): Banking, Financial Integration and International Crises: An Overview; Banco Central de Chile, Working Paper Series, No. 100, Huérfanos 1175, Chile

Hofmeister, Wilhelm (1995): Chile: Option für Demokratie - Die christlich demokratische Partei (PDC) und die politische Entwicklung in Chile 1964-1994; Paderborn

Hügle, Wolfgang J. (2001): Finanzsysteme, Wirtschaftliches Wachstum und die Rolle des Staates: Ein funktionaler Ansatz unter Berücksichtigung der Reformerfahrung lateinamerikanischer Länder; Wirtschaftspolitische Forschungsarbeiten der Universität zu Köln, Band 40, Tectum, Marburg

Huneeus, Carlos (1981): Der Zusammenbruch der Demokratie in Chile - Eine vergleichende Analyse; Heidelberg

Iglesias-Palau, Augusto (2000): Pension Reform and Corporate Governance: Impact in Chile; erschienen in: ABANTE, Vol 3, N° 1, S. 109-141

Imbusch, Peter (1997): Neoliberalismus und Arbeitsbeziehungen in Chile: Die Erfahrungen mit der Pinochet-Diktatur; erschienen in: Dombois, R. / Imbusch, P. / Lauth, H. J. / Thiery, P. (Hrsg.): Neoliberalismus und Arbeitsbeziehungen in Lateinamerika; S. 225-253

Itoh, H. (1994): Japanese Human Resource Management from the Viewpoint of Incentive Theory; erschienen in: Aoki, M. / Dore, R. (Hrsg.): The Japanese Firm; Oxford University Press, New York, S. 233-264

Jensen, Michael C. (1988): Takeovers: Their Causes and Consequences; Journal of Economic Perspectives, No. 2, S. 21-48

Kellner, Gundula (1998): Die chilenischen Rentenreform und ihre Bedeutung für die inländische Kapitalbildung; Wirtschaftspolitische Forschungsarbeiten der Universität zu Köln, Band 21, Tectum, Marburg

Kester, C. (1991): Japanese Takeovers: The Global Contest for Corporate Control; Harvard Business School Press, Boston

Khanna, Tarun / Palepu, Krishna (1997): Why focussed Strategies may be wrong for Emerging Markets; erschienen in: Harvard Business Review 75 (4), S. 41-55

La Porta, Rafael / Lopez-de-Silanes, Florencio / Shleifer, Andrei / Vishny, Robert W. (1998): Law and Finance; erschienen in: Journal of Political Economy, Vol. 154, No. 4, Dezember 1998, S. 1113-1155

La Porta, Rafael / Lopez-de-Silanes, Florencio / Shleifer, Andrei / Vishny, Robert W. (1997): Legal Determinants of External Finance, erschienen in: Journal of Finance, Vol. 52, No. 3, July 1997, S. 1131-1150

La Porta, Rafael / Lopez-de-Silanes, Florencio / Shleifer, Andrei / Vishny, Robert W. (1996): Law and Finance, NBER Working Paper Series, No. 5661

Larrain, Mauricio (1989): How the 1981-82 Chilean Banking Crisis was handeled; Backround Paper for the World Development Report 1989, Working Paper Series der Weltbank, No. 300

Lavado Montes, Hugo (1992): Desarrollo del Mercado de Valores Chileno: Los Pilares Fundamentales; erschienen in: Universidad Nacional Andres Bello (Hrsg.): La Transformación Económica de Chile; Cuadernos Universitarios Serie Debates, N° 1, Santiago de Chile, S. 89-107

Lefort, Fernando / Walker, Eduardo (2000): Ownership and Capital Structure of Chilean Conglomerates: Facts and Hypotheses for Governance; erschienen in: ABANTE, Vol 3, N° 1, S. 3-27

Lefort, Fernando / Walker, Eduardo (1999a): Corporate Governance: Challenges for Latin America; erschienen in: ABANTE, Vol 2, N° 2, S. 99-111

Lefort, Fernando / Walker, Eduardo (1999b): The Effect of Economic and Political Shocks on Corporate Governance Systems in Chile; erschienen in: ABANTE, Vol 2, N° 2, S. 183-206

Leuchter, Wolfgang (1975): Zur Rolle der bürgerlichen staatlichen Wirtschaftspolitik bei der Entwicklung der kapitalistischen Produktionsweise in Chile unter besonderer Berücksichtigung der staatlichen Investitionspolitik; Diss. Universität Rostock, Juli 1975

Liso, Josep M. / Soler, Montserrat / Manero, Mantserrat / Buil, Maria P. (2002): La Banca en Latinoamérica: Reformas recientes y Perspectivas; Colección Estudios Económicos, N° 30, La Caixa, Barcelona

MacDuffie, J.P. / Kochan, T. (1995): Do U.S. Firms Invest Less in Human Ressources? Training in the World Auto Industriy; Industrial Relations, Vol. 34, S. 148-163

Majluf, Nicolás / Abarca, Nureya / Rodriquez, Darío / Fuentes, Luis A. (1998): Governance and Ownership Structure in Chilean Economic Groups; erschienen in: ABANTE, Vol 1, N°1, S. 111-139

Manasevich, Rene A. / Arroyo, Luis L. (1992): Las Privatizaciones en Chile; erschienen in: Universidad Nacional Andres Bello (Hrsg.): La Transformación Económica de Chile; Cuadernos Universitarios Serie Debates, N° 1, Santiago de Chile, S. 119-140

Manne, Henry (1965): Mergers and the Market for Corporate Control, Journal of Political Economy, No. 73, S. 110-120

Marshall, Jorge (1998): Lessons Learned from the Chilean Experience; erschienen in: Caprio, G. / Hunter, W. C. / Kaufman, G. G. / Leipziger, D. M. (Hrsg): Preventing Bank Cises: Lessons from recent Global Bank Failures; Economic Development Institute of the World Bank, S. 43-52

Matussek, Matthias (2003): Der andere 11. September; erschienen in: Verschwörung 11. September; Der Spiegel, N° 37 vom 8.9.2003, S. 162-164

Merton, R. / Bodie, Z. (1995): A Conceptual Framework for Analyzing the Financial Environment; erschienen in: Crane et al. (Hrsg.): The Global Financial System: A Functional Perspective, Boston, Harvard Business School Press, S. 3-31

Nolte, D (1994): Neue Militärregime; erschienen in: Lateinamerika II – Politische Entwicklung seit 1945; Informationen zur politischen Bildung, Nr. 244, 3.Quartal 1994, S. 23-30

Piñera, José (1992): El Cascabel al Gato: La Batalla por la Reforma Previsional, 5te Auflage, Santiago de Chile

Papenfuß, Holger (1999): Beschreibungsmodi für Finanzsysteme - Wie beschreibt man Finanzsysteme?; aus der Serie Europäische Hochschulschriften, Reihe 5, Volks- und Betriebswirtschaft, Bd. 2431, Peter Lang Verlag, Frankfurt am Main

Porter, M. (1992): Capital Disadvantages, Harvard Business Review, Vol. 70, S. 65-82

Prigge, S. (1998): A Survey of German Corporate Governance, erschienen in: Hopt, K.J. et al. (Hrsg.): Comparative Corporate Governance – The State of the Art and Emerging Research; Oxford University Press, New York, S. 943-1044

Prowse, S. (1994): Corporate Governance in an International Perspective: A Survey of Corporate Control Mechanisms among Large Firms in the U.S., U.K., Japan and Germany; Financial Markets, Institutions & Instruments, Vol. 4, S. 1-63

Pulido, Alberto (2001): Legal System for Banking Business in Chile, erschienen in: von Stein, H. (Hrsg.): Die Finanzsysteme in Argentinien, Brasilien und Chile, Schriftenreihe der Stiftung Kreditwirtschaft, Universität Hohenheim, Frankfurt am Main, S. 125-133

Queisser, Monika (1999): Pension Reform: Lessons from Latin America; OECD Policy Brief No. 15, Paris

Queisser, Monika (1993): Soziale Sicherung in der Krise: Die chilenische Rentenreform als Modell für Amerika?, erschienen in: Lateinamerika Jahrbuch 1993, Frankfurt am Main, S. 93-113

Ramírez, Apolonia (1993): Modelo Económico Neoliberal y Nuevo Sistema Previsional; erschienen in: Nuevo Sistema Previsional en Chile; Schriftenreihe der AFP, Nr. 2, Santiago de Chile

Rajan, R.G. / Zingales, L. (1995): What do we know about Capital Structure? Some Evidence from international Data; Journal of Finance, Vol. 47, S. 599-586

Roe, Mark J. (1994): Strong Managers, Weak Owners, The Political Roots of American Finance; Princeton University Press

Roe, Mark J. (1993): Some Differences in Corporate Structure in Germany, Japan, and the United States; erschienen in: Yale Law Journal, No. 102, S. 1925-2003

Römpczyk, Elmar (1992): Chile will Modell-Land bleiben; erschienen in: Ensignia, J. / Nolte, D. (Hrsg.): Modellfall Chile? Ein Jahr nach dem demokratischen Neuanfang; Schriftenreihe des Instituts für Iberoamerika-Kunde, Band 34, Hamburg S. 71-86

Samuelson, Paul A. (1958): An Extract Consumption-loan Model of Interest with or without the social Cantrivance of money; erschienen in: Journal of Political Economy, Band 66, No. 6, S. 467-482

Shah, Hemant (1996): Towards Better Regulation of Private Pension Funds; unveröffentlichtes Manuskript der EDI Conference „Pension Systems: From Crisis to Reform", Washington D.C., 21-22.11.1996

Schmidt, Reinhard H. (2001): The Future Banking of Europe; erschienen in: Financial Markets and Portfolio Management, Vol. 15 (2001), S. 429-449 – auch Working Paper Series: Finance and Accounting, No. 72, Universität Frankfurt

Schmidt, Reinhard H. (1997): Corporate Governance: The Role of Other Constituencies; erschienen in: Pezard, A. / Thiveaud, J. M. (Hrsg.): Corporate Governance: Cross Border Experience, Paris 1997, S. 61-74 – auch Working Paper Series, No. 3, Universität Frankfurt

Schmidt, Reinhard H. / Grohs, Stefanie (2000): Angleichung der Unternehmensverfassung in Europa – ein Forschungsprogramm; erschienen in: Grundmann, S. (Hrsg.): Systembildung und Systemlücken in Kerngebieten des Europäischen Privatrechts, Tübingen 2000, S. 145-188 – auch Working Paper Series: Finance and Accounting, No. 43, Universität Frankfurt

Schmidt, Reinhard H. / Spindler, Gerald (2002): Path Dependence, Corporate Governance and Complementarity – A Comment on Bebchuck and Roe; erschienen in: International Finance, Vol. 5 (2002), S. 311-333 – auch Working Paper Series: Finance and Accounting, No. 27, Universität Frankfurt

Schmidt, Reinhard H. / Hackethal, Andreas / Tyrell, Marcel (2002): The Convergence of Financial Systems in Europe; erschienen in: German Financial Markets and Institutions:

Selected Studies, Special Issue 1-02 of Schmalenbach Business Review (2002), S. 7-53 – auch Working Paper Series: Finance and Accounting, No. 75, Universität Frankfurt

Schneider, D. (1985): Allgemeine Betriebswirtschaftslehre; 2. Auflage, München und Wien

Sperberg, Jaime F. (1997): Die Rentenreform in Chile: Kein Modell für Lateinamerika; erschienen in: Lateinamerika. Analyse-Daten-Dokumentation: Rentenreformen in Lateinamerika, Nr. 36, Institut für Iberoamerika-Kunde, Hamburg, S. 51-64

Spielmann, Ludwig (1993): Staatsinterventionismus oder ökonomischer Liberalismus? Wirtschaftliche Entwicklungsstrategien in Chile – von der Weltwirtschaftskrise bis Pinochet; Institut für Iberoamerika-Kunde, Schriftenreihe Band 5, Münster

(von) Stein, Heinrich (2001): Argentinien, Brasilien und Chile: Länder und Finanzsysteme auf neuen Wegen – eine Einführung; erschienen in: von Stein, Heinrich (Hrsg.): Die Finanzsysteme in Argentinien, Brasilien und Chile, Schriftenreihe der Stiftung Kreditwirtschaft, Universität Hohenheim, Frankfurt am Main, S. 1-14

Superintendancia de Administradoras de Fondos de Pensiones (SAFP):
Internetportal der SAFP, Online im Internet: http://www.safp.cl, Abfrage: 18.8.2003, 19.30 Uhr

Direkt auf der Website publiziert:

(1) www.safp.cl/inf_estadistica/index.html Menupunkt: Normativa Previsional - Límites de Inversión de los Fondos de Pensiones
(2) www.safp.cl/inf_estadistica/index.html Menupunkt: Normativa Previsional - Reseña de Leyes y Reglamentos vigentes desde el año 1997
(3) www.safp.cl/inf_estadistica/index.html Menupunkt: Normativa Previsional - Límites de Inversión de los Fondos de Pensiones

Superintandancia de Bancos e Instituciones Fiscalizadas (SBIF):
Internetportal der SBIF, Online im Internet: www.sbif.cl, Abfrage: 10.07.2003, 13.54 Uhr

Downloads:

(a) www.sbif.cl/instfinanc.html: Menüpunkt: Lista de Instituciones Fiscalizadas
(b) www.sbif.cl/cgi-bin/historico.pl?id=2: Menüpunkt: Histórico agregados 1990-2000
(c) www.sbif.cl/cgi-bin/historico.pl?id=2: Menüpunkt: Histórico agregados 2000-2002
(d) www.sbif.cl/cgi-bin/financiera.pl: Menupunkt: Activos y Pasivos en dólares 1990-2002
(e) www.sbif.cl/cgi-bin/publicaciones.pl: Menüpunkt: Reseña Anual 2002
(f) www.sbif.cl/cgi-bin/publicaciones.pl: Menüpunkt: Reseña Anual 2001

Direkt auf der Website publiziert:

(1) www.sbif.cl/noticias2.html

Thiery, Peter (2000): Transformation in Chile: Institutioneller Wandel, Entwicklung und Demokratie 1973-1996; Frankfurt am Main

Tyrell, Marcel / Schmidt, Reinhard H. (2001): Pensions- und Finanzsysteme in Europa: Ein Vergleich unter dem Gesichtspunkt der Komplementarität; Working Paper Series: Finance and Accounting, No. 65, Universität Frankfurt

Urrutia, Eugenio R. (1992): Stabilisierung, Wachstum und Gerechtigkeit: Bilanz der Wirtschafts- und Sozialpolitik in Chile im ersten Jahr der demokratischen Regierung; erschienen in: Ensignia, J. / Nolte, D. (Hrsg.): Modellfall Chile? Ein Jahr nach dem demokratischen Neuanfang; Schriftenreihe des Instituts für Iberoamerika-Kunde, Band 34, Hamburg S. 71-86

Vittas, Dimitri (1996): Pension Funds and Capital Markets: Investment Regulation, financial Innovation and Governance; The World Bank, Viewpoint Note, No. 71,

Vylder, Stefan (1989): Chile 1973-1987: Los Vaivenes de un Modelo; erschienen in: García, R. (Hrsg.): Economía y Política durante el Gobierno Militar en Chile, 1973-1987; Fondo de Cultura Económica S.A. México D. F., S. 55-100

Walker, Eduardo / Lefort, Fernando (2002): Pension Reform and Capital Markets: Are there any (hard) links?; SP Discussion Paper, No. 0201, School of Business Administration, Pontificia Universidad Católica de Chile, Santiago de Chile

Weckner, Kai (2003): Sonderwirtschaftsstudien als Teil der Regionalpolitik in Chile; herausgegeben von Prof. Dr. Drs. H.c. J. Maier; Arbeitsmaterialien zur Raumordnung und Raumplanung: Heft 219, Universität Bayreuth

Weltbank
Internetportal der Weltbank, Online im Internet: http://www.worldbank.org, Abfrage: 15.09.2003, 10:25 Uhr

Direkt auf der Website publiziert:

(1) http://devdata.worldbank.org/external/CPProfile.asp?SelectedCountry=CHL&CCODE=CHL&CNAME=Chile&PTYPE=CP

Außerdem:
World Development Report (WDR) 1985 und 1989; erschienen in: Indexed Omnibus CD ROM Edition, published by the World Bank Asia 2000 Ltd

Anhang

Anhang I: Langfristige Finanzierung deutscher, amerikanischer und japanischer Unternehmen (1970-1996)

DEUTSCHLAND	70-74	75-79	80-84	85-89	90-96	70-96	70-96*
Innenfinanzierung	76,7	95,7	93,6	97,9	83,4	88,4	88,4
Langfristige Bankkredite	61,6	73,5	76,3	75,6	74,6	72,9	88,8
Versicherungsdarlehen	9,7	11,4	10,3	10,4	7,5	9,3	10,4
Eigene Anleihen	7,3	5,2	5,2	6,8	8,3	7,0	5,6
Eigene Aktien	2,7	2,8	2,8	4,0	4,5	3,8	3,0
Summe langfr. Fremdfin.	81,3	92,9	94,6	96,8	94,9	93,0	107,8

* Hier sind zusätzlich jene Transaktionen von Produktionsunternehmen berücksichtigt, welche seitens der Bundesbank dem Sektor Wohnungswirtschaft zugerechnet werden.

Quelle: Hackethal, Andreas (2000), S.126

USA	70-74	75-79	80-84	85-89	90-96	70-96
Innenfinanzierung	70,9	81,5	82,6	92,4	103,3	88,8
Langfristige Kredite von Banken	64,2	61,2	64,1	75,0	62,1	65,3
Darlehen von NBFI	14,8	18,6	19,1	25,6	35,8	24,6
Anleihen	39,4	38,2	36,7	54,9	61,5	48,5
Commercial Paper	3,9	4,1	7,1	11,1	14,9	9,2
Eigene Aktien	0,0	0,0	0,0	0,0	0,0	14,9
Summe langfr. Fremdfin.	137,2	137,1	141,8	181,5	189,3	162,5

Quelle: Hackethal, Andreas (2000), S.131

JAPAN	70-74	75-79	80-84	85-89	90-96	70-96
Innenfinanzierung	49,8	71,8	71,0	76,1	74,9	70,0
Langfristige Kredite von Banken	93,3	135,9	136,0	140,7	142,4	132,1
Langfristige Kredite von staatl.	8,5	15,5	16,2	20,0	28,8	20,2
Anleihen	8,1	14,1	12,1	12,0	19,7	14,3
Commercial Paper	0,0	0,0	0,0	8,7	10,6	5,7
Eigene Aktien	3,7	3,6	4,4	7,3	1,5	3,8
Summe langfr. Fremdfin.	113.6	169,2	168,8	188,6	203,0	176,1

Quelle: Hackethal, Andreas (2000), S.135

Anhang II: Grafische Darstellung einer supermodularen Funktion

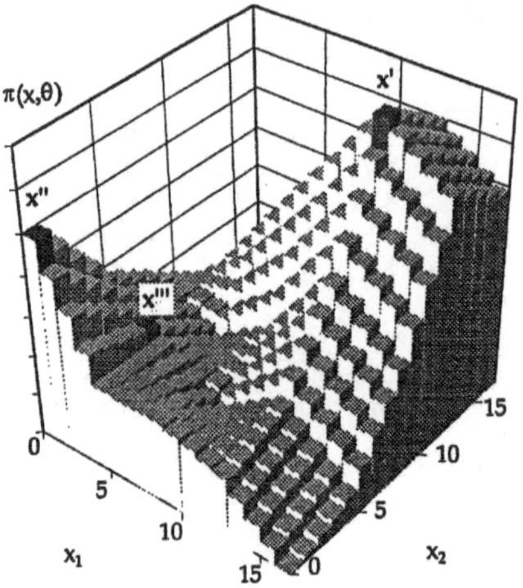

Quelle: Hackethal, A. / Schmidt, R. (2000), S. 7 (die Seitenzahl entspricht der des Working Papers – siehe Literaturverzeichnis)

Anhang III: Kreditallokation chilenischer BFI und NBFI zum 31.12.2001

	Nationale Banken	Aus-ländische Banken	Banco del Estado	Sociedad Financiera Conosur	Der chil. Banken-sektor (*)	Cooperativas de Ahorro y de Crédito
Dispokredite Girokonten	3,4	4,1	0,9	0,0	3,4	0,0
Unternehmen	60,2	54,4	44,9	3,4	55,3	4,7
Konsumentenkredite	6,8	9,1	5,3	94,9	8,2	89,3
Außenhandelskredite	9,4	10,1	4,7	0,0	9,0	0,0
Immobilienkredite	12,7	16,7	39,7	0,0	17,8	0,0
Leasing	0,8	1,6	1,9	0,0	1,3	0,0
Andere Kredite	4,8	2,3	1,3	0,0	3,3	3,9
Cartera Vencida**	1,9	1,7	1,3	1,7	1,7	2,1
Gesamte Kreditvergabe	100	100	100	100	100	100

Anmerkungen:

* Inklusive der Sociedad Financiera

** Überfällige Kredite mit mehr als 90 Tagen über deren Ablauffrist

Quelle: Liso, Josep / Soler, Montserrat / Manero, Montserrat / Buil, Maria (2002), S. 199

Anhang IV: Entwicklung der Zentralbank Aktiva in Chile von 1962-1997; Darstellung in absoluten Werten und in Relation zum BSP als Indikator für die absolute Größe der Zentralbank im Zeitablauf sowie Darstellung der dazugehörigen Datentabelle

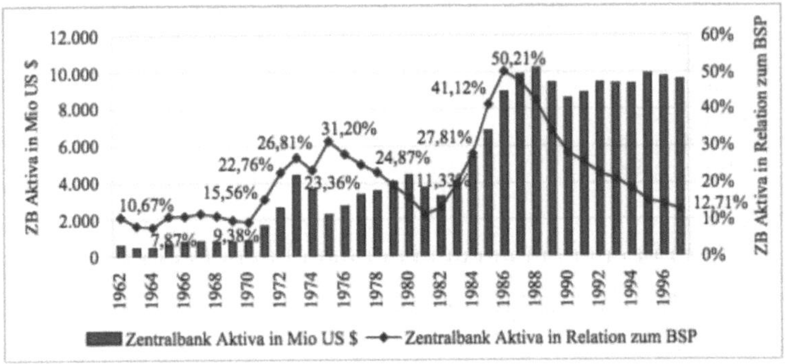

Jahr	1962	1963	1964	1965	1966	1967	1968	1969	1970	1971	1972
BSP (Mio US $)	5.500	5.480	5.791	6.051	7.014	6.914	7.075	8.180	8.981	10.695	11.533
Aktiva der ZB in Mio US $	587	449	456	653	765	803	781	805	842	1.664	2.624
Aktiva der ZB in Rel. zum BSP	10,67%	8,19%	7,87%	10,79%	10,91%	11,62%	11,04%	9,84%	9,38%	15,56%	22,76%

Jahr	1973	1974	1975	1976	1977	1978	1979	1980	1981	1982	1983
BSP (Mio US $)	16.387	15.536	7.226	9.854	13.362	15.401	20.732	27.572	32.645	24.340	19.771
Aktiva der ZB in Mio US $	4.393	3.629	2.254	2.733	3.324	3.503	4.014	4.396	3.697	3.229	3.907
Aktiva der ZB in Rel. zum BSP	26,81%	23,36%	31,20%	27,74%	24,87%	22,75%	19,36%	15,94%	11,33%	13,27%	19,76%

Jahr	1984	1985	1986	1987	1988	1989	1990	1991	1992	1993	1994
BSP (Mio US $)	19.233	16.486	17.723	20.694	24.154	27.547	30.323	34.650	41.881	44.474	50.919
Aktiva der ZB in Mio US $	5.349	6.779	8.898	9.849	10.200	9.391	8.522	8.824	9.418	9.344	9.338
Aktiva der ZB in Rel. zum BSP	27,81%	41,12%	50,21%	47,59%	42,23%	34,09%	28,10%	25,47%	22,49%	21,01%	18,34%

Jahr	1995	1996	1997
BSP (Mio US $)	65.216	68.568	75.286
Aktiva der ZB in Mio US $	9.865	9.717	9.571
Aktiva der ZB in Rel. zum BSP	15,13%	14,17%	12,71%

Quellen:

- BSP in Mio US $: „Development Finance Database 2002" der Weltbank
- Aktiva der Zentralbank in Relation zum BSP 1962-1997: Datenbank zur Studie von Beck, Demirgüç-Kunt und Levine (1999)
- Rest: Eigene Berechnung aus obigen Quellen

Anhang V: Entwicklung der Geschäftsbanken Aktiva in Chile von 1961-1997; Darstellung der absoluten Werte und in Relation zum BSP als Indikator für die Größe der BFI

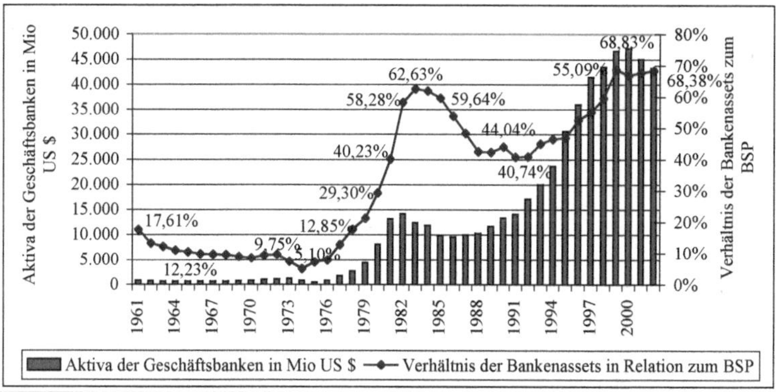

Jahr	1961	1962	1963	1964	1965	1966	1967	1968	1969	1970	1971
BSP (Mio US $)	4.703	5.500	5.480	5.791	6.051	7.014	6.914	7.075	8.180	8.981	10.695
Aktiva in Mio US $	828	732	670	635	637	689	671	675	739	770	1.014
Aktiva in Relation zum BSP	17,61%	13,31%	12,23%	10,96%	10,52%	9,82%	9,70%	9,54%	9,04%	8,58%	9,48%

Jahr	1972	1973	1974	1975	1976	1977	1978	1979	1980	1981	1982
BSP (Mio US $)	11.533	16.387	15.536	7.226	9.854	13.362	15.401	20.732	27.572	32.645	24.340
Aktiva in Mio US $	1.125	1.216	793	522	785	1.717	2.731	4.398	8.078	13.134	14.186
Aktiva der GB in Relation zum BSP	9,75%	7,42%	5,10%	7,22%	7,97%	12,85%	17,73%	21,21%	29,30%	40,23%	58,28%

Jahr	1983	1984	1985	1986	1987	1988	1989	1990	1991	1992	1993
BSP (Mio US $)	19.771	19.233	16.486	17.723	20.694	24.154	27.547	30.323	34.650	41.881	44.474
Aktiva in Mio US $	12.383	11.897	9.833	9.539	9.995	10.268	11.661	13.355	14.117	17.132	19.993
Aktiva der GB in Relation zum BSP	62,63%	61,86%	59,64%	53,82%	48,30%	42,51%	42,33%	44,04%	40,74%	40,90%	44,95%

Jahr	1994	1995	1996	1997	1998	1999	2000	2001	2002
BSP (Mio US $)	50.919	65.216	68.568	75.286	72.916	67.716	70.545	66500	63.300
Aktiva in Mio US $	23.682	30.582	36.022	41.473	43.495	46.611	47.216	45.063	43.285
Aktiva der GB in Relation zum BSP	46,51%	46,89%	52,53%	55,09%	59,65%	68,83%	66,93%	67,76%	68,38%

Quellen: - BSP in Mio US $: „Development Finance Database 2002“ der Weltbank
- Aktiva der Geschäftsbanken in Relation zum BSP 1961-1997: Datenbank zur Studie von Beck, Demirgüç-Kunt und Levine (1999)
- Aktiva der Geschäftsbanken in Mio US $ der Jahre 1998-2002: Aktiva von 1997 multipliziert mit den aus dem SBIF Download (d) berechneten Wachstumsraten der Aktiva
- Rest: Eigene Berechnung aus den Daten der obigen Quellen

Anhang VI: Entwicklung der NBFI Aktiva in Chile von 1961-1997;
Darstellung der absoluten Werte und in Relation zum BSP als Indikator für die Größe des Bankensektors sowie Darstellung der dazugehörigen Datentabelle

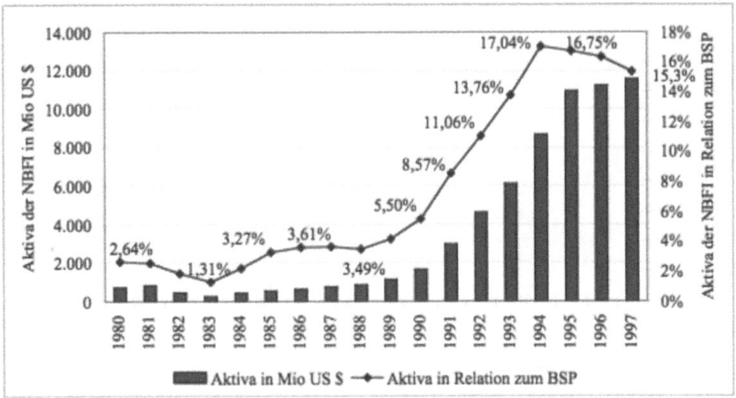

Jahr	1980	1981	1982	1983	1984	1985	1986	1987	1988
BSP (Mio US $)	27.572	32.645	24.340	19.771	19.233	16.486	17.723	20.694	24.154
Aktiva der NBFI in Mio US $	729	831	451	259	426	539	640	754	843
Aktiva der NBFI in Prozent zum BSP	2,64%	2,54%	1,85%	1,31%	2,21%	3,27%	3,61%	3,64%	3,49%

Jahr	1989	1990	1991	1992	1993	1994	1995	1996	1997
BSP (Mio US $)	27.547	30.323	34.650	41.881	44.474	50.919	65.216	68.568	75.286
Aktiva der NBFI in Mio US $	1.144	1.669	2.971	4.632	6.120	8.675	10.924	11.212	11.569
Aktiva der NBFI in Prozent zum BSP	4,15%	5,50%	8,57%	11,06%	13,76%	17,04%	16,75%	16,35%	15,37%

Quellen: - BSP in Mio US $: „Development Finance Database 2002" der Weltbank
- Aktiva der NBFI in Relation zum BSP 1980-1997: Datenbank zur Studie von Beck, Demirgüç-Kunt und Levine (1999)
- Rest: Eigene Berechnung aus den Daten der obigen Quellen

Anhang VII: Entwicklung der MC des chilenischen Wertpapiermarktes von 1979-2002; Darstellung in absoluten Werten und in Relation zum BSP als Indikator für die Größe der Wertpapiermärkte sowie Darstellung der dazu gehörigen Datentabelle

Jahr	1979	1980	1981	1982	1983	1984	1985	1986
BSP (Mio US $)	20.732	27.572	32.645	24.340	19.771	19.233	16.486	17.723
MC der Wertpapiermärkte in Mio US $	5.578	8.006	8.383	5.660	3.608	2.476	2.026	3.061
MC der Wertpapiermärkte in Rel. zum BSP	26,90%	29,03%	25,68%	23,25%	18,25%	12,87%	12,29%	17,27%

Jahr	1987	1988	1989	1990	1991	1992	1993	1994
BSP (Mio US $)	20.694	24.154	27.547	30.323	34.650	41.881	44.474	50.919
MC der Wertpapiermärkte in Mio US $	4.725	5.945	8.283	12.007	20.955	30.021	37.328	55.522
MC der Wertpapiermärkte in Rel. zum BSP	22,83%	24,61%	30,07%	39,60%	60,48%	71,68%	83,93%	109,04%

Jahr	1995	1996	1997	1998	1999	2000	2001	2002
BSP (Mio US $)	65.216	68.568	75.286	72.916	67.716	70.545	66.500	63.300
MC der Wertpapiermärkte in Mio US $	73.048	65.844	71.832	51.809	68.499	60.514	56.011	49.896
MC der Wertpapiermärkte in Rel. zum BSP	112,01%	96,03%	95,41%	71,05%	101,16%	85,78%	84,23%	75,26%

Quellen: - BSP in Mio US $: „Development Finance Database 2002“ der Weltbank
- MC des Wertpapiermarktes in Relation zum BSP 1979-1995: Datenbank zur Studie von Beck, Demirgüç-Kunt und Levine (1999)
- MC des Wertpapiermarktes in Mio US $ ab dem Jahr 1996: Bolsa de Comercio de Santiago, Internetdownload (a)
- Rest: Eigene Berechnung aus den Daten der oben genannten Quellen

Anhang VIII: Entwicklung der MC des chilenischen Rentenmarktes von 1980-1998; Darstellung in absoluten Werten und in Relation zum BSP als Indikator für die Größe und die Bedeutung der Rentenmärkte im chilenischen Finanzsystem sowie Darstellung der dazugehörigen Datentabelle

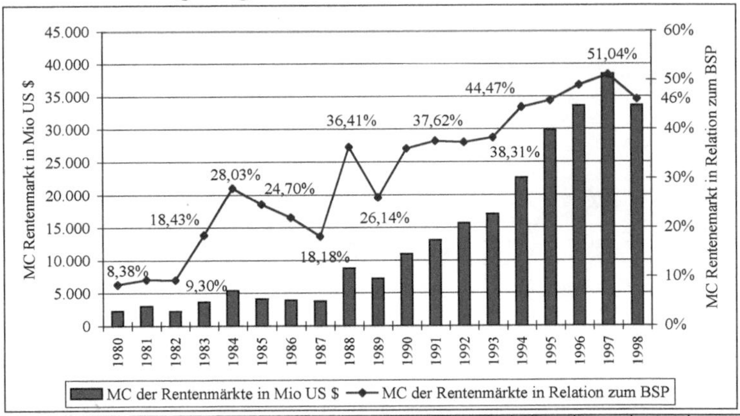

Jahr	1980	1981	1982	1983	1984	1985	1986	1987	1988
BSP (in Mio US $)	27.572	32.645	24.340	19.771	19.233	16.486	17.723	20.694	24.154
MC der Rentenmärkte in Mio US $	2.311	3.055	2.264	3.644	5.392	4.072	3.901	3.763	8.795
MC der Rentenmärkte in Prozent zum BSP	8,38%	9,36%	9,30%	18,43%	28,03%	24,70%	22,01%	18,18%	36,41%

Jahr	1989	1990	1991	1992	1993	1994	1995	1996	1997
BSP (in Mio US $)	27.547	30.323	34.650	41.881	44.474	50.919	65.216	68.568	75.286
MC der Rentenmärkte in Mio US $	7.200	10.946	13.037	15.639	17.037	22.645	29.890	33.567	38.429
MC der Rentenmärkte in Prozent zum BSP	26,14%	36,10%	37,62%	37,34%	38,31%	44,47%	45,83%	48,95%	51,04%

Jahr	1998
BSP (in Mio US $)	72.916
MC der Rentenmärkte in Mio US $	33.588
MC der Rentenmärkte in Prozent zum BSP	46,06%

Quellen: - BSP in Mio US $: „Development Finance Database 2002“ der Weltbank
- MC des Rentenmarktes in Mio US $ ab dem Jahr 1980: Seda, Salvador (2001), S. 503 – Summe der Zahlen aus Private Sector und Public Sector ohne Zeilen „Paid stocks“.
- Rest: Eigene Berechnung aus den Daten der obigen Quelle

Anhang IX: Entwicklung des Emissionsvolumens des Aktienmarktes von 1984-2002; Darstellung in absoluten Werten und in Relation zum BSP als Indikator für die Bedeutung der Aktienmärkte für die Unternehmensfinanzierung chilenischer Unternehmen sowie Darstellung der dazugehörigen Datentabelle

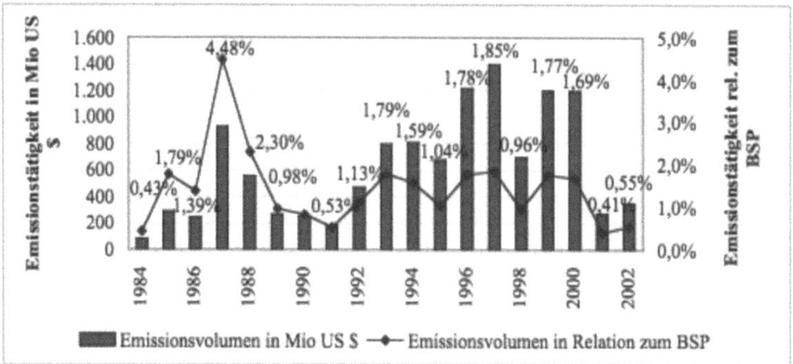

Jahr	1984	1985	1986	1987	1988	1989	1990	1991	1992	1993
BSP in Mio US $	19.233	16.486	17.723	20.694	24.154	27.547	30.323	34.650	41.881	44.474
Emissionsvolumen in Mio US $	83	294	246	928	556	270	254	184	474	798
Emissionsvolumen in Relation zum BSP	0,43%	1,79%	1,39%	4,48%	2,30%	0,98%	0,84%	0,53%	1,13%	1,79%

Jahr	1994	1995	1996	1997	1998	1999	2000	2001	2002
BSP in Mio US $	50.919	65.216	68.567	75.285	72.916	67.716	70.545	66.500	63.300
Emissionsvolumen in Mio US $	808	681	1.218	1.396	698	1.199	1.195	271	348
Emissionsvolumen in Relation zum BSP	1,59%	1,04%	1,78%	1,85%	0,96%	1,77%	1,69%	0,41%	0,55%

Durchschnittsbildung 1984-1995:

Chile (1,49%), **USA und Japan** (1,06), **Deutschland** (0,67%)

Quellen:- BSP in Mio US $: „Development Finance Database 2002" der Weltbank
- Emissionsvolumen in Mio US $ 1984-1993: Datenbank zur Studie von Beck, Demirgüç-Kunt und Levine (1999)
- Die gleichen Quellen wurden für die Durchschnittsbildung verwandt
- Emissionsvolumen in Chile in Mio US $ 1994-2002: BCS Internetportal (a), S. 5
- Rest: Eigene Berechnung aus den Daten der obigen Quellen

Anhang X: Entwicklung des Handelsvolumens der Aktienmärkte von 1976-2002; Darstellung in absoluten Werten und in Relation zum BSP als Indikator für die Aktivität der Aktienmärkte sowie Darstellung der dazugehörigen Datentabelle

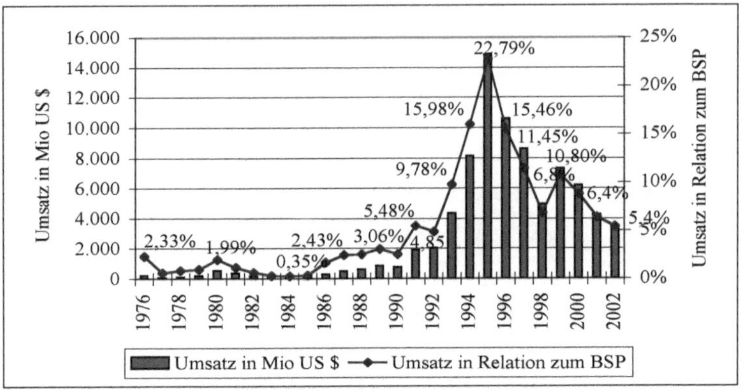

Jahr	1976	1977	1978	1979	1980	1981	1982	1983	1984	1985
BSP (Mio US $)	9.854	13.362	15.401	20.732	27.572	32.645	24.340	19.771	19.233	16.486
Umsatzvolumen in Mio US $	230	83	132	199	548	375	163	65	52	230
Umsatzvolumen in Rel. zum BSP	2,33%	0,62%	0,86%	0,96%	1,99%	1,15%	0,67%	0,33%	0,27%	2,33%

Jahr	1986	1987	1988	1989	1990	1991	1992	1993	1994	1995
BSP (Mio US $)	17.723	20.694	24.154	27.547	30.323	34.650	41.881	44.474	50.919	65.216
Umsatzvolumen in Mio US $	298	503	611	842	767	1.900	2.029	2.800	5.257	11.072
Umsatzvolumen in Rel. zum BSP	1,68%	2,43%	2,53%	3,06%	2,53%	5,48%	4,85%	6,30%	10,32%	16,98%

Jahr	1996	1997	1998	1999	2000	2001	2002
BSP (Mio US $)	68.568	75.286	72.916	67.716	70.545	66500	63.300
Umsatzvolumen in Mio US $	10.603	8.620	4.971	7.315	6.208	4.255	3.439
Umsatzvolumen in Rel. zum BSP	15,46%	11,45%	6,82%	10,80%	8,80%	6,40%	5,43%

Quellen: - BSP in Mio US $: „Development Finance Database 2002“ der Weltbank
- Handelsvolumen in Mio US $ 1976-1992: Datenbank zur Studie von Beck, Demirgüç-Kunt und Levine (1999)
- Handelsvolumen in Mio US $ 1993-2002: BCS Internetportal (a), S. 3
- Rest: Eigene Berechnung aus den Daten der obigen Quellen

Anhang XI: Anteile der „10 most traded companies“ am gesamten Umsatzvolumen der Aktienmärkte von 1993-2002; Darstellung der dazugehörigen Datentabelle

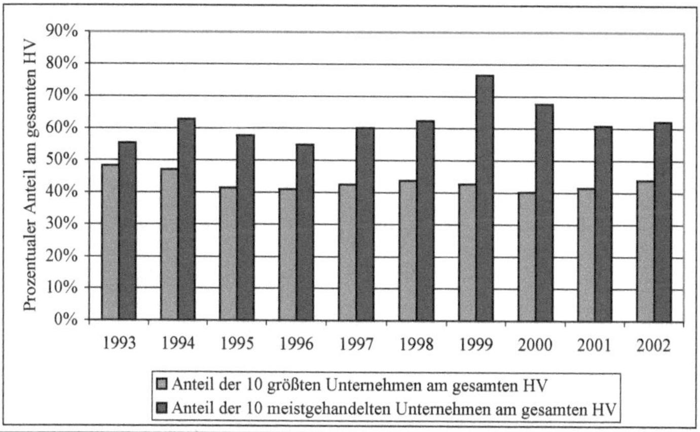

Jahr	**1993**	**1994**	**1995**	**1996**	**1997**	**1998**	**1999**	**2000**	**2001**	**2002**
Anteil der 10 größten Unternehmen am gesamten HV	48,23 %	46,99 %	41,34 %	40,87 %	42,47 %	43,63 %	42,63 %	40,12 %	41,40 %	43,89 %
Anteil der 10 meistgehandelten Unternehmen am gesamten HV	55,24 %	62,75 %	57,62 %	54,84 %	60,15 %	62,29 %	76,60 %	67,57 %	60,78 %	62,04 %

Jahr	**Durchschnitt**
Anteil der 10 größten Unternehmen am gesamten HV	43,16%
Anteil der 10 meistgehandelten Unternehmen am gesamten HV	61,99%

Quelle: Eigene Darstellung mit Daten der Bolsa de Comercio de Santiago, Internetportal (a), S. 4

Anhang XII: Entwicklung des dem privaten Sektors zurechenbaren Anteils an der Marktkapitalisierung der Rentenmärkte von 1980-1998 sowie deren Zusammensetzung; Darstellung der dazugehörigen Datentabelle

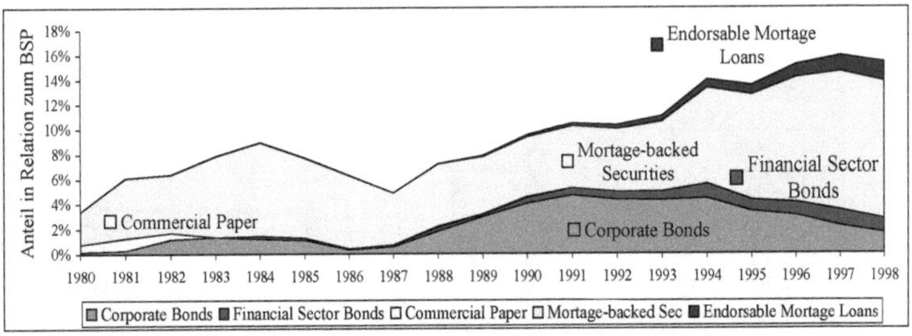

Jahr	1980	1981	1982	1983	1984	1985	1986	1987	1988	1989
BSP (Mio US $)	27.572	32.645	24.340	19.771	19.233	16.486	17.723	20.694	24.154	27.547
Corporate Bonds	0,18%	0,29%	1,18%	1,35%	1,20%	1,10%	0,34%	0,55%	1,81%	2,97%
Financial Sector Bonds	0,00%	0,00%	0,00%	0,00%	0,23%	0,19%	0,05%	0,14%	0,32%	0,18%
Commercial Paper	0,59%	0,96%	0,53%	0,00%	0,00%	0,00%	0,00%	0,00%	0,09%	0,02%
Mortage-backed Sec	2,63%	4,84%	4,70%	6,52%	7,53%	6,41%	5,90%	4,21%	4,99%	4,61%
Endorsable Mortage Loans	0,00%	0,00%	0,00%	0,00%	0,00%	0,00%	0,00%	0,00%	0,01%	0,08%
„Private" MC des Rentenmarktes	3,41%	6,09%	6,41%	7,87%	8,97%	7,70%	6,29%	4,89%	7,22%	7,86%

Jahr	1990	1991	1992	1993	1994	1995	1996	1997	1998
BSP in Mio US $	30.323	34.650	41.881	44.474	50.919	65.216	68.568	75.286	72.916
Corporate Bonds	4,03%	4,68%	4,35%	4,30%	4,43%	3,39%	3,05%	2,22%	1,66%
Financial Sector Bonds	0,46%	0,57%	0,62%	0,68%	1,15%	0,90%	1,04%	1,23%	1,11%
Commercial Paper	0,08%	0,00%	0,00%	0,00%	0,00%	0,00%	0,00%	0,00%	0,00%
Mortage-backed Sec	4,80%	5,01%	5,07%	5,65%	7,78%	8,49%	10,08%	11,17%	11,06%
Endorsable Mortage Loans	0,15%	0,23%	0,34%	0,45%	0,63%	0,74%	1,00%	1,26%	1,55%
„Private" MC des Rentenmarktes	9,51%	10,49%	10,37%	11,08%	13,99%	13,53%	15,17%	15,88%	15,39%

Quellen: - BSP in Mio US $: „Development Finance Database 2002" der Weltbank
- Zusammensetzung der „privaten MC" in Mio US $ 1980-1998: Seda, S. (2001), S. 513
- Rest: Eigene Berechnung aus den Daten der obigen Quellen

Anhang XIII: Emissionstätigkeit auf dem chilenischen Rentenmarkt von 1984-1995; Darstellung in absoluten Werten und in Relation zum BSP als Indikator für die Bedeutung der Rentenmärkte für die Unternehmensfinanzierung chilenischer Unternehmen sowie Darstellung der dazugehörigen Datentabelle

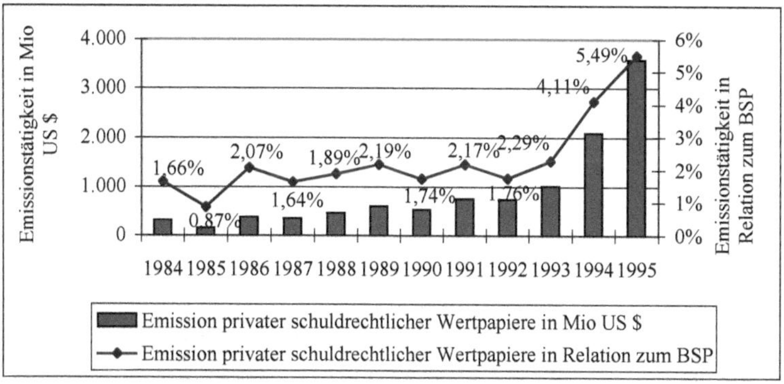

Jahr	1984	1985	1986	1987	1988	1989	1990	1991	1992	1993	1994
BSP (Mio US $)	19.233	16.486	17.723	20.694	24.154	27.547	30.323	34.650	41.881	44.474	50.919
Neuemissionen in Mio US $	319	144	367	340	457	602	528	754	737	1.017	2.092
Neuemissionen in Rel. zum BSP	0,43%	1,79%	1,39%	4,48%	2,30%	0,98%	0,84%	0,53%	1,13%	1,79%	0,17%

Jahr	1995
BSP in Mio US $	65.216
Neuemissionen in Mio US $	3.580
Neuemissionen in Rel. zum BSP	5,49%

Quellen: - BSP in Mio US $: „Development Finance Database 2002" der Weltbank
- Neuemissionen in Mio US $: Datenbank zur Studie von Beck, Demirgüç-Kunt und Levine (1999)
- Rest: Eigene Berechnung aus den Daten der oben genannten Quellen

Anhang VIV: Kreditvergabe der chilenischer BFI an den privaten Sektor von 1961-1997; Darstellung der absoluten Werte und in Relation zum BSP als Indikator für die Bankenaktivität

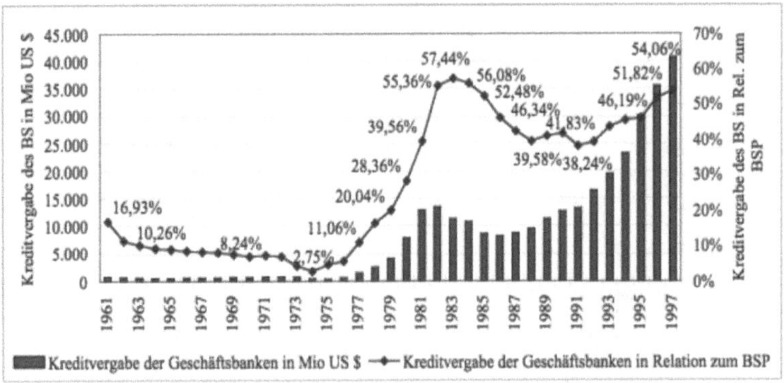

Jahr	1961	1962	1963	1964	1965	1966	1967	1968	1969	1970
BSP in Mio US $	4.703	5.500	5.480	5.791	6.051	7.014	6.914	7.075	8.180	8.981
Kreditvergabe der GB in Mio US $	796	632	562	540	547	601	584	583	628	631
Kreditvergabe der GB in Relation zum BSP	0,17	0,11	0,10	0,09	0,09	0,09	0,08	0,08	0,08	0,07

Jahr	1971	1972	1973	1974	1975	1976	1977	1978	1979	1980
BSP in Mio US $	10.695	11.533	16.387	15.536	7.226	9.854	13.362	15.401	20.732	27.572
Kreditvergabe der GB in Mio US $	794	813	705	427	339	568	1.478	2.537	4.154	7.820
Kreditvergabe der GB in Relation zum BSP	0,07	0,07	0,04	0,03	0,05	0,06	0,11	0,16	0,20	0,28

Jahr	1981	1982	1983	1984	1985	1986	1987	1988	1989	1990
BSP in Mio US $	32.645	24.340	19.771	19.233	16.486	17.723	20.694	24.154	27.547	30.323
Kreditvergabe der GB in Mio US $	12.915	13.476	11.356	10.786	8.651	8.212	8.777	9.561	11.332	12.684
Kreditvergabe der GB in Relation zum BSP	0,40	0,55	0,57	0,56	0,52	0,46	0,42	0,40	0,41	0,42

Jahr	1991	1992	1993	1994	1995	1996	1997
BSP in Mio US $	34.650	41.881	44.474	50.919	65.216	68.568	75.286
Kreditvergabe der GB in Mio US $	13.251	16.469	19.473	23.201	30.124	35.533	40.699
Kreditvergabe der GB in Relation zum BSP	0,38	0,39	0,44	0,46	0,46	0,52	0,54

Quellen: - BSP in Mio US $: „Development Finance Database 2002" der Weltbank
- Kreditvergabe der Geschäftsbanken in Relation zum BSP: Datenbank zur Studie von Beck, Demirgüç-Kunt und Levine (1999)
- Rest: Eigene Berechnung aus den Daten der oben genannten Quellen

Anhang XV: Anfrage an die SBIF bezüglich der Klassifikationsmerkmale in deren Statistiken

-----Mensaje original-----
De: Contactenos@sbif.cl [mailto:Contactenos@sbif.cl]
Enviado el: Miércoles, 23 de Julio de 2003 17:28
Para: Superintendente
Asunto: Contáctenos - www.sbif.cl

Nombre: Alfonso Ulrich, Manuel
e-mail: XXXXXXXXXXXXXXX
Teléfono: XXXXX
Fax: XXXXX
Comentario: Estimados Señoras y Señores,

Estoy escribiendo mi tesis en la J.W. Goethe Universität Frankfurt am Main (Alemania) sobre el sistema financiero de Chile y su desarrollo en los últimos 35 años. Respecto a este tema tengo dos preguntas:

1) Es su página web (www.sbif.cl/bancos.html) Ustedes consideran al HNS Banco y HSBC Banco como bancos nacionales. Pero luego en el Informe Anual 2002 (página 33) clasifican a los dos como "Sucursales de Bancos Extranjeros" - me pueden indicar la razón por esto o tal vez comunicarme los criterios elegidos por Ustedes de clasificar a un banco como nacional o extranjero?

2) Como estoy escribiendo mi tesis sobre la evolución del sistema financiero lo perfecto para poder describir el desarrollo del sector bancario sería una comparación con los años 70 - o sea antes del periodo de Pinochet. Para esto necesito Informes Anuales como el 2002 de la SBIF de años pasados (empezando con los años 1970. Me podrían enviar directamente via Email los Informes Anuales que están presentes en formato electrónico? Si son muchos distribúyanlos en varios mails - gracias.

3) Y por fin, respecto a los Informes Anuales que no existen en formato electrónico ya que son muy antiguos ya, necesitaría saber dónde puedo acceder a estos (en Alemania). Si solamente existe la posibilidad de mandármelos por correo necesito saber un estimado precio. Tal vez podría pagarlas ya que realmente los necesito para el estudio.

Muchas gracias por su atención y su esfuerzo.

A la espera de sus noticias,

M. Alfonso Ulrich

Anhang XVI: Antwortschreiben auf die Anfrage bei der SBIF (Anhang XV)

Von: **Ricardo Arroyo < rarroyo@sbif.cl >**
Datum: Freitag, 8. August 2003 17:30 Uhr
An: XXXXXXXXXXXXXXXXXXXX
Betreff: RE: Contactenos – www.sbif.cl

Sr. Ulrich:
Mediante el presente, envío respuesta a la consultas planteadas.

1) Los Criterios que utiliza la Superintendencia de Bancos para clasificar a los bancos partir de enero de 2001 son:

1) respecto a su establecimiento en chile (no señalando nacionalidad de los principales accionistas)osea el establecimiento de la sociedad anónima bancaria en el territorio nacional son los denominados "Bancos establecidos en Chile".
2)"sucursales de bancos Extranjeros".
3) "Banco del Estado".
4) "Sociedades Financieras".

Es dentro de ese contexto que le puedo señalar que el banco HSBC Bank Chile, es un Banco establecido en Chile a contar de enero del presente año, que no es lo mismo que decir que es un Banco Nacional, además le señalo que hasta el año 2002 este Banco era HSBC Bank Usa, por lo tanto era sucursal de Banco extranjero.
Respecto al HNS Banco, le señalo que es un Banco Establecido en Chile.

2 y 3) La Revista información financiera referida a diciembre de cada año en formato pdf, está disponible desde el año 1978 hasta el año 1998 en un CD (diciembre de los años siguientes están disponibles en nuestra web), que tiene un costo de US$2.00.- cada diciembre, resultando por lo tanto el CD con todos los diciembre desde el año 1978 a 1998 por un valor de US$42.00.-, con el envío incluido.

Para años anteriores a 1978 no sabría indicarle quién pueda tener alguna información respecto a información Bancaria Chilena en Alemania, lo que si le puedo indicar es un artículo de Andrés Reinstein y Francisco Rosende llamado "reforma financiera en Chile", el cual apareció en el libro "La Transformación Economica de Chile", de los autores Felipe Larraín y Rodrigo Vergara, año 2000, donde describe y analiza los principales hitos dentro de la política de desarrollo del mercado financiero iniciada a mediados de los 70. En particular se hace énfasis en las dificultades que encontró este proceso, y las políticas aplicadas por la autoridad para sortearlas.

Atte.,
Biblioteca y Publicaciones, Superintendencia de Bancos E Instituciones Financieras
Moneda N° 1123, 6° piso, Santiago-Chile, Telefono: 56-2 442 62 15, Fax: 56-2 441 09 14
mailto: rarroyo@sbif.cl

Anhang XVII: Aufteilung des chilenischen Bankenmarktes nach Herkunftsländern zum 31.12.2002; Aufschlüsselung nach Herkunft und Anteil an den Aktiva der ausländischen Institute

Geografische Herkunft	Anzahl	Gesamt-zahl der Aktiva	% Anteil der Aktiva in Rel. zum ges. Bankensektor	% Anteil der Aktiva in Rel. zu den Aktiva der ausl. Banken	Anzahl der Nieder-lassungen und % Anteil
Europa	7	21.147	33,47 %	74,94 %	398 (27,75%)
Davon aus Spanien	*2*	*19.165*	*30,33 %*	*67,92 %*	*391 (27,27%)*
Davon aus Deutschland	*2*	*872*	*1,38 %*	*3,09 %*	*3 (0,21%*
USA	4	4.628	7,32 %	16,4 %	94 (6,56%)
Kanada	1	2.266	3,59 %	8,03 %	46 (3,21%)
Lateinamerika	2	107	0,17 %	0,38 %	2 (0,14%)
Japan	1	71	0,11 %	0,25 %	1 (0,07%)
Total ausl. Banken	16	28.219	44,66 %	100 %	541 (37,73%)

Quellen: - Werte in der Tabelle aus: Bankenbilanzen aus SBIF, Internetportal (e)
- Zuordnung der Institute zu dem jeweiligen Land von: Websites der Institute

Anhang XVIII: Darstellung des Indikators für Bankenkonzentration von 1990-1997; Aktiva der drei größten Finanzinstitute in Relation zu den gesamten Aktiva des Bankensektors sowie Darstellung der Datentabelle, in welcher neben der chilenischen Bankenkonzentration auch die der USA, Japan und Deutschland abgetragen ist

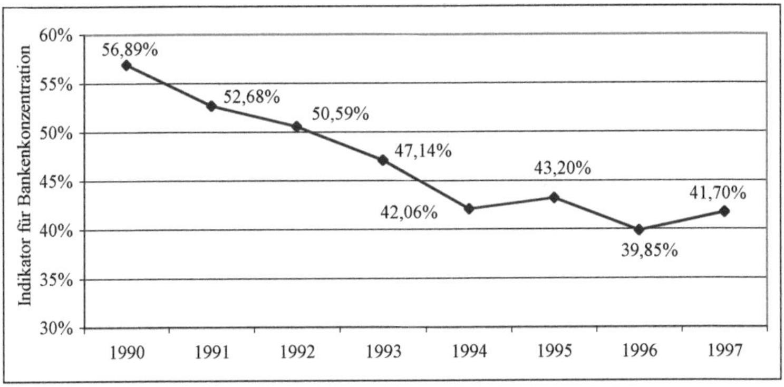

Jahr	1990	1991	1992	1993	1994	1995	1996	1997
Bankenkonzentration in Chile	56,89%	52,68%	50,59%	47,14%	42,06%	43,20%	39,85%	41,70%
Bankenkonzentration in den USA	22,55%	22,71%	16,62%	15,49%	16,03%	15,89%	19,92%	19,98%
Bankenkonzentration in Japan	23,22%	21,84%	20,40%	20,16%	20,05%	20,28%	22,84%	24,82%
Bankenkonzentration in Deutschlands	47,23%	47,89%	44,19%	42,20%	40,72%	42,74%	44,92%	54,08%

Quelle: Datenbank zur Studie von Beck, Demirgüç-Kunt und Levine (1999)

Anhang XIX: Kreditvergabe durch bankenähnliche Institute in Chile von 1980-1997; Darstellung in absoluten Werten und in Relation zum BSP als Indikator für die Bedeutung der bankähnlichen Institute bei der Unternehmensfinanzierung sowie Darstellung der dazugehörigen Datentabelle

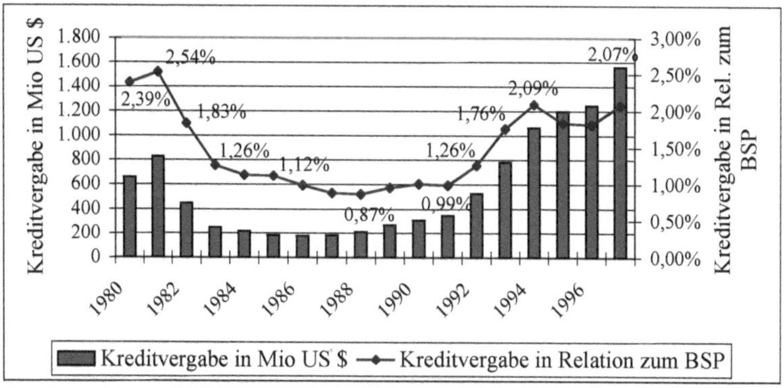

Jahr	1980	1981	1982	1983	1984	1985	1986	1987	1988
BSP (Mio US $)	27.572	32.645	24.340	19.771	19.233	16.486	17.723	20.694	24.154
Kreditvergabe in Mio US $	659	828	446	250	217	184	176	183	210
Kreditvergabe in Rel. zum BSP	2,39%	2,54%	1,83%	1,26%	1,13%	1,12%	0,99%	0,88%	0,87%

Jahr	1989	1990	1991	1992	1993	1994	1995	1996	1997
BSP (Mio US $)	27.547	30.323	34.650	41.881	44.474	50.919	65.216	68.568	75.286
Kreditvergabe in Mio US $	264	306	343	530	783	1.065	1.197	1.244	1.562
Kreditvergabe in Rel. zum BSP	0,96%	1,01%	0,99%	1,26%	1,76%	2,09%	1,84%	1,81%	2,07%

Quellen: - BSP in Mio US $: „Development Finance Database 2002“ der Weltbank
- Kreditvergabe der bankähnlichen Institute in Relation zum BSP 1980-1997: Datenbank zur Studie von Beck, Demirgüç-Kunt und Levine (1999)
- Rest: Eigene Berechnung aus den Daten der obigen Quellen

Anhang XX: Entwicklung der Aktiva der Versicherungen in Chile von 1982-1996; Darstellung in absoluten Werten und in Relation zum GDP als Indikator für die Größe der Versicherungen und deren Bedeutung im Finanzsystem sowie Darstellung der dazugehörigen Datentabelle

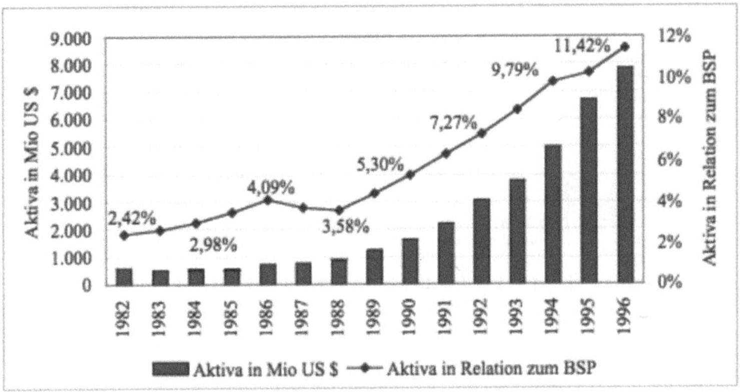

Jahr	1982	1983	1984	1985	1986	1987	1988	1989	1990	1991
BSP (Mio US $)	24.340	19.771	19.233	16.486	17.723	20.694	24.154	27.547	30.323	34.650
Aktiva der Versicherungen in Mio US $	589	517	573	572	726	767	864	1.212	1.606	2.186
Aktiva der Versicherungen in Rel. zum BSP	2,42%	2,62%	2,98%	3,47%	4,09%	3,70%	3,58%	4,40%	5,30%	6,31%

Jahr	1992	1993	1994	1995	1996
BSP (Mio US $)	41.881	44.474	50.919	65.216	68.568
Aktiva der Versicherungen in Mio US $	3.046	3.754	4.983	6.685	7.829
Aktiva der Versicherungen in Rel. zum BSP	7,27%	8,44%	9,79%	10,25%	11,42%

Quellen: - BSP in Mio US $: „Development Finance Database 2002" der Weltbank
- Aktiva der Versicherungen in Relation zum BSP 1982-1996: Datenbank zur Studie von Beck, Demirgüç-Kunt und Levine (1999)
- Rest: Eigene Berechnung aus den Daten der obigen Quellen

Anhang XXI: Entwicklung der Aktiva der Investmentfonds von 1982-1996; Darstellung in absoluten Werten als auch in Relation zum BSP als Indikator für die Größe der Investmentfonds und deren Bedeutung im Finanzsystem sowie Darstellung der dazugehörigen Datentabelle

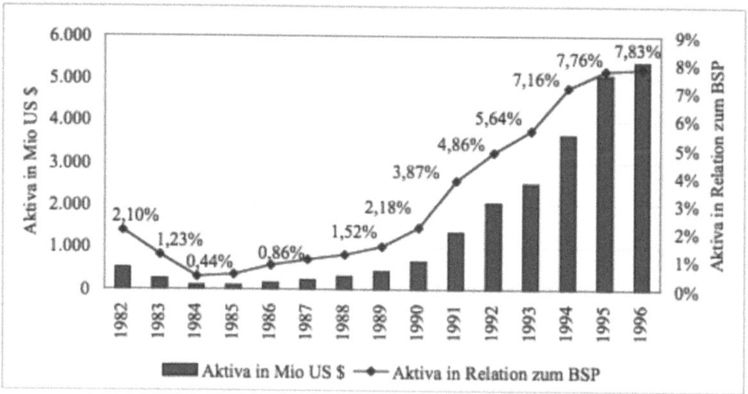

Jahr	1982	1983	1984	1985	1986	1987	1988	1989	1990	1991
BSP in Mio US $	24.340	19.771	19.233	16.486	17.723	20.694	24.154	27.547	30.323	34.650
Aktiva der Investmentfonds in Mio US $	510	243	85	88	152	217	296	418	662	1.340
Aktiva der Investmentfonds in Rel. zum BSP	2,10%	1,23%	0,44%	0,53%	0,86%	1,05%	1,23%	1,52%	2,18%	3,87%

Jahr	1992	1993	1994	1995	1996
BSP in Mio US $	41.881	44.474	50.919	65.216	68.568
Aktiva der Investmentfonds in Mio US $	2.037	2.506	3.645	5.064	5.366
Aktiva der Investmentfonds in Rel. zum BSP	4,86%	5,64%	7,16%	7,76%	7,83%

Quellen: - BSP in Mio US $: „Development Finance Database 2002" der Weltbank
- Aktiva der Investmentfonds zum BSP 1982-1997: Datenbank zur Studie von Beck, Demirgüç-Kunt und Levine (1999)
- Rest: Eigene Berechnung aus den Daten der obigen Quellen

Anhang XXII: Entwicklung der Aktiva der AFPs in Chile von 1982-1996; Darstellung in absoluten Werten und in Relation zum BSP als Indikator für die Größe der AFPs und deren Bedeutung im chilenischen Finanzsystem sowie Darstellung der dazugehörigen Datentabelle

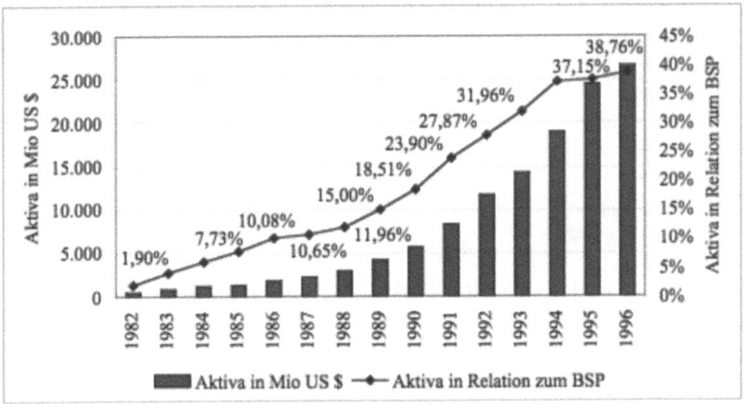

Jahr	1982	1983	1984	1985	1986	1987	1988	1989
BSP in Mio US $	24.340	19.771	19.233	16.486	17.723	20.694	24.154	27.547
Aktiva der AFPs in Mio US $	462	804	1.149	1.274	1.786	2.204	2.888	4.132
Aktiva der AFPs in Relation zum BSP	1,90%	4,06%	5,97%	7,73%	10,08%	10,65%	11,96%	15,00%

Jahr	1990	1991	1992	1993	1994	1995	1996
BSP in Mio US $	30.323	34.650	41.881	44.474	50.919	65.216	68.568
Aktiva der AFPs in Mio US $	5.612	8.280	11.671	14.216	18.915	24.458	26.579
Aktiva der AFPs in Relation zum BSP	18,51%	23,90%	27,87%	31,96%	37,15%	37,50%	38,76%

Quellen: - BSP in Mio US $: „Development Finance Database 2002" der Weltbank
- Aktiva der AFPs in Relation zum BSP 1982-1997: Datenbank zur Studie von Beck, Demirgüç-Kunt und Levine (1999)
- Rest: Eigene Berechnung aus den Daten der obigen Quellen

Anhang XXIII: FK/EK Ratios chilenischer Unternehmen in Jahr 1999

Sektor	Sample Size	Debt-Equity Ratios		
		Short-term	Long-term	Total
Agriculture	20	31,90	24,80	56,80
Mining	6	19,70	19,20	39,00
Manufacturing	53	35,30	20,90	56,20
Electricity and water	18	22,70	57,30	60,10
Construction	1	29,10	3,30	32,40
Commerce	10	88,20	47,60	135,80
Transport and communications	11	76,90	63,50	140,40
Finance	50	24,20	23,90	48,10
Services	8	68,20	31,60	99,80
Total	**58**	**37,00**	**30,40**	**67,40**

Quelle: Agosin, M. / Pastén, E. (2003), S.17

Entwicklung und Finanzierung
Development and Finance

Herausgegeben von / Edited by
Reinhard H. Schmidt
Claus-Peter Zeitinger

Bd./Vol. 1 Heike Proff: Auswirkungen der Politik der internationalen Finanzinstitutionen (IWF und Weltbank) auf importintensive und exportorientierte Unternehmen in Ghana. 1994.

Bd./Vol. 2 Martin Holtmann / Rochus Mommartz: Technical Guide for Analyzing the Efficiency of Credit-Granting / Non-Governmental Organizations (NGOs). 1996.

Band 1 + 2 sind im Verlag für Entwicklungspolitik Breitenbach GmbH, Saarbrücken, erschienen und auch von dort zu beziehen.
Vol. 1 + 2 have already been published by Verlag für Entwicklungspolitik, Breitenbach GmbH, Saarbrücken, and are obtainable through the publishers.

Entwicklung und Finanzierung
Development and Finance

Herausgegeben von / Edited by
Manfred Nitsch, Reinhard H. Schmidt und Claus-Peter Zeitinger

Bd./Vol. 3 Ilonka Rühle: Why Banks? Microeconomic Foundations of Financial Intermediaries. 1997.

Bd./Vol. 4 Manfred Kiefer: Die Rentenreform in Peru. Auswirkungen auf soziale Sicherung, Finanzmärkte und Staatsfinanzen. 1998.

Bd./Vol. 5 Modibo Khane Camara: Die Finanzsektorreform in Afrika. Das Beispiel der Franc-Zone. 1998.

Bd./Vol. 6 Andreas Hackethal: Banken, Unternehmensfinanzierung und Finanzsysteme. 2000.

Bd./Vol. 7 Silvio Andrae / Kathrin Pingel: Tropical Finance. Von den (Un-)Möglichkeiten eines ländlichen Finanzsystems im brasilianischen Amazonien. 2001.

Bd./Vol. 8 Marcel Gounot: The Efficiency of Multi-Tier Savings and Credit Cooperatives in Developing Countries. A Study Based on Empirical Research in West Africa. 2001.

Bd./Vol. 9 Christian M. Pfeil: Capital Structure, Managerial Incentives and Corporate Governance. 2002.

Bd./Vol. 10 Sofia Harrschar-Ehrnborg: Finanzplatzstrukturen in Europa. Die Entstehung und Entwicklung von Finanzzentren. 2002.

Bd./Vol. 11 Ingo Tschach: The Theory of Development Finance. How Microcredit Programmes Alleviate Credit and Labour Market Segmentation. 2002.

Bd./Vol. 12 Manfred Nitsch: Glaspaläste und Mikrofinanz. Beiträge zur Entwicklungsfinanzierung. Mit einem Nachwort von Claus-Peter Zeitinger. 2002.

Bd./Vol. 13 Helmut Schwarzer: Sozialstaatliche Rentenreformen in Lateinamerika? Der Fall Brasilien. 2003.

Bd./Vol. 14 Carlos Alberto dos Santos: Directed Credit als Instrument zur Reduzierung von Kleinkreditrationierung? Der Fall PROGER - Brasilien. 2003.

Bd./Vol. 15 Katja Hujo: Soziale Sicherung im Kontext von Stabilisierung und Strukturanpassung. Die Reform der Rentenversicherung in Argentinien. 2004.

Bd./Vol. 16 Manuel Alfonso Ulrich: Die Entwicklung von Finanzsystemen und Komplementarität. Beispiel Chile. 2008.

www.peterlang.de

FSC
www.fsc.org
MIX
Papier | Fördert gute Waldnutzung
FSC® C083411

Kolibri 360 GmbH
Ferdinand-Jühlke-Straße 7
99095 Erfurt, Deutschland
produktsicherheit@kolibri360.de

Druck:
CPI Druckdienstleistungen GmbH
im Auftrag der
Kolibri 360 GmbH
Ferdinand-Jühlke-Str. 7
99095 Erfurt